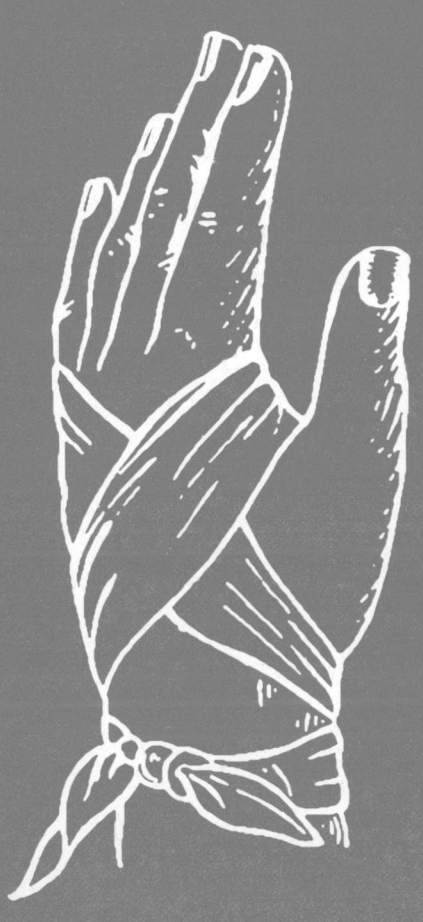

MÜNCHEN
HANDGEMACHTE QUALITÄT

MAKER & CRAFTER

HÄNDLER

GASTGEBER

MAKERS BIBLE

Liebe Leserinnen und Leser,

München ist eine Stadt der Vielfalt, in jeder Hinsicht: Die Menschen, die hier leben, und ihre Hintergründe, die Geschäfte der Großstadt, deren Vielfalt gleichermaßen auf Tradition und neuen Ideen beruht, und nicht zuletzt das geografische Zusammenspiel der einzelnen Stadtteile formen das Große und Ganze, nämlich die „schöne Stadt am Isarstrand".

Makers Bible – ein Manifest für Qualität, Leidenschaft und Handwerkskunst – bildet Maker und deren Produkte ab, die vollständig – und wenn nicht, dann zum allergrößten Teil – in Handarbeit entstehen. Sie sind somit nicht nur nachhaltige Alternativen des Konsums, sondern auch ein Stück Kulturgut. Das vorliegende Buch ist der erste Makers-Bible-Reiseführer – und vor der eigenen Haustür der Redaktion entstanden.

Ein Guide, der Lust machen möchte, in der eigenen Stadt auf Entdeckungsreise zu gehen. Daher haben wir neben den Makern & Craftern auch Gastronomen sowie Einzelhändler mit aufgenommen, bei denen das Handwerk im Vordergrund steht. Wir nennen es echt, ehrlich oder gut. Selbstverständlich hat dieses Buch keinen Anspruch auf Vollständigkeit, sondern ist subjektiv.

Münchens Bevölkerung besteht heute zum größten Teil aus Menschen, die nicht hier geboren sind. „Zugereiste", wie man in München liebevoll sagt. Meist Berufstätige, deren Wochentag durchgetaktet ist. An sie und deren Besucher von außerhalb richtet sich unser Buch in erster Linie. Aber selbstverständlich eignet es sich auch für Touristen und Fans der Maker-&-Crafter-Szene und „Foodies".

Das Buch möchte anregen, den Blick nach rechts und links zu richten, abseits der ohnehin häufig ausgesprochenen Empfehlungen. So stellen wir dem Buch ein Online-Pendant zur Seite, sodass man sich vor Ort auch mit dem Smartphone orientieren, entdecken und teilen kann.

Das Jahr 2020, in dem die Idee zu diesem Buch entstand, ist ein sehr besonderes. Hat sich doch in der Zeit des Lockdowns gezeigt, was wirklich wichtig ist. In erster Linie sind dies kleine Einheiten: die Familie und die Gemeinschaft „des Dorfes", welches in München metaphorisch für die einzelnen Stadtteile steht. Lokal zu konsumieren heißt unter Umständen auch, einen Beitrag zum organischen Fortbestand des Viertels zu leisten.

Unserer Meinung nach kommt es nicht nur darauf an, was man konsumiert, sondern auch, von wem. Die Kaufentscheidung als tägliche, demokratische Entscheidung, die in der Summe einen Unterschied machen kann und viel darüber aussagt, wie wir leben wollen. Handgemachte Produkte, die ewig halten, die mit der Zeit an Patina und an emotionalem Wert gewinnen, die nicht weggeworfen, sondern repariert werden. Oder eine Mahlzeit, von der wir annehmen können, dass sie genau unter den gleichen Wertvorstellungen gekocht wurde, wie wir das selbst zu Hause tun würden. Langfristig gesehen haben wir damit mehr erreicht als eine kurzfristige Befriedigung eines Bedürfnisses. Diese Entscheidungen können darüber hinaus solidarisch, kommunal oder schlicht umweltorientiert motiviert sein.

In diesem Sinne: Entdeck' mer's!
Ihr Makers-Bible-Redaktions-Team

Osten

Süden

Westen

Appendix

MÜNCHEN

Eine Stadt mit vielen Gesichtern und ebenso vielen Klischees. Dabei ist München zunächst einmal erfrischend grün. Das *Isarufer*, die Parks und Biergärten lassen nie dieses Betondschungel-Feeling anderer Metropolen aufkommen. Im europäischen Vergleich hat die Stadt dazu eine sehr hohe Dichte an Bildungs- und Kultureinrichtungen. Politisch gesehen gilt die *Landeshauptstadt* seit Jahrzehnten als rote Hochburg im ansonsten konservativen Bayern, was vor allem an ihrer Angestellten- und Arbeiterklasse liegt. Zeigte sich der *Mittlere Ring* ausnahmsweise mal staufrei, könnte die Dreiviertelstunde Fahrtzeit in die Berge tatsächlich hinkommen. München verkörpert eine lebenswerte Mischung aus Tradition und Toleranz, Fleiß und Freizeit. *Darauf prost!*

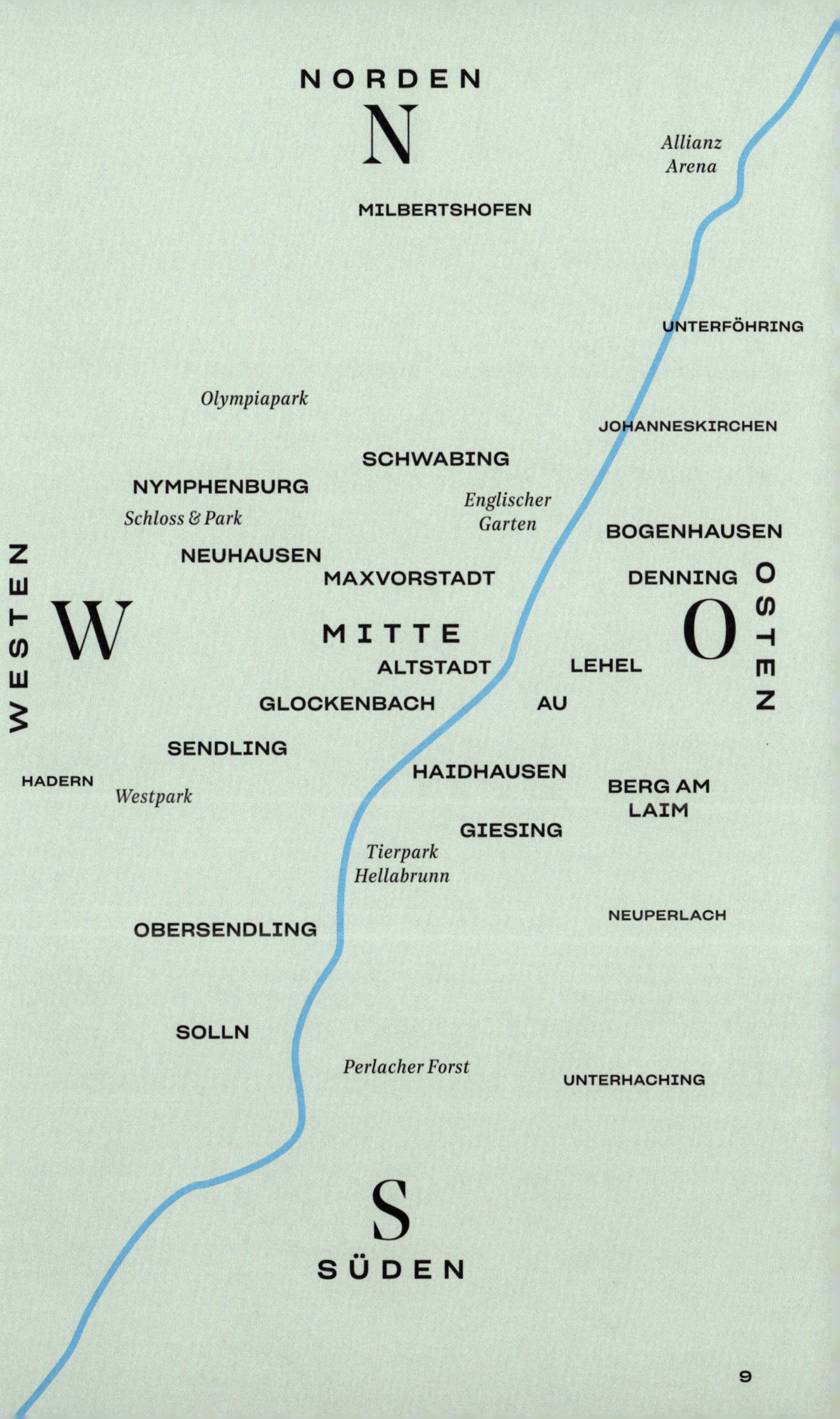

NORDEN
N

MILBERTSHOFEN

Allianz Arena

UNTERFÖHRING

Olympiapark

JOHANNESKIRCHEN

SCHWABING

NYMPHENBURG

Schloss & Park

Englischer Garten

BOGENHAUSEN

NEUHAUSEN

DENNING

MAXVORSTADT

WESTEN
W

MITTE

ALTSTADT

LEHEL

OSTEN
O

GLOCKENBACH

AU

SENDLING

HADERN

Westpark

HAIDHAUSEN

BERG AM LAIM

GIESING

Tierpark Hellabrunn

NEUPERLACH

OBERSENDLING

SOLLN

Perlacher Forst

UNTERHACHING

S
SÜDEN

MITTE

Wir müssen Abbitte leisten. Denn eigentlich verbietet sich der Begriff „*Mitte*" für Münchens Zentrum. Dennoch finden sich in diesem Kapitel eben nicht nur Empfehlungen für das Stadtzentrum. Sondern auch das *Lehel*, wo man etwa den Isarsurfern beim Wellen-reiten zuschauen kann. Und auch die Viertel *Gärtnerplatz* und *Glockenbach* nehmen wir hier mit hinein. Gerade für Touren zu Fuß oder mit dem Rad ergibt das wirklich Sinn, werden Sie doch, liebe Leserin und lieber Leser, dabei stets von einladendem Grün begleitet. Somit hätten wir dann auch einen der gewichtigsten Vorteile der Stadt München unmittelbar erfahrbar gemacht: Die unzähligen Grünflächen mit Parks und Isarufern machen die Stadt zu einer der lebenswertesten Metropolen der Welt.

MÜNCHEN MITTE

ABSEITS DER GROSSEN EINKAUFSSTRASSEN

MAKER

1 **Sven Renz**
Neuturmstraße 5

2 **Jakob Blum**
Hofbräuhaus-Kunstmühle
Neuturmstraße 3

3 **Patrik Muff**
Ledererstraße 10

4 **Davo Philips**
Thomas-Wimmer-Ring 9

5 **Lea Zapf**
Viktualienmarkt

6 **VOR Shoes**
Utzschneiderstraße 7

7 **Holzrausch**
Corneliusstraße 2

8 **Cocii Jewelry**
Corneliusstraße 12

9 **Kathrin Heubeck**
Corneliusstraße 12

10 **Schuh Bertl**
Kohlstraße 3

11 **Werkstatt München**
Fraunhoferstraße 31

12 **Hannes Roether**
Reichenbachstraße 40

13 **Hannibal**
Holzstraße 11

14 **Trautmann Schuhwerk**
Klenzestraße 58

15 **Papierwerk Glockenbach**
Auenstraße 28

16 **Saskia Diez**
Geyerstraße 20

HÄNDLER

1 **Luitpoldblock**
Brienner Straße 11

2 **Prantl**
Brienner Straße 11

3 **Leica Store**
Brienner Straße 7

4 **Bederke Finest Fabrics**
Salvatorplatz 4

5 **Inntal Handweberei**
Maxburgstraße 4

6 **Leica Store | Galerie**
Maffeistraße 4

7 **Johanna Daimer**
Marienplatz 8

8 **Holz-Leute**
Viktualienmarkt 2

9 **Soda Books**
Rumfordstraße 3

10 **Literatur Moths**
Rumfordstraße 48

11 **Sunday in Bed**
St.-Anna-Straße 29

12 **Bergwein**
Corneliusstraße 18

13 **Statement -
The Denim Store**
Fraunhoferstraße 8

14 **Optimal Records**
Kolosseumstraße 6

15 **Barber House**
Fraunhoferstraße 20

16 **Ralf's Fine Garments**
Fraunhoferstraße 29

17 **Deru**
Reichenbachstraße 38

GASTGEBER

1 **Il Bar**
Karlsplatz 3

2 **Espresso Bar
by BalanDeli**
Maximiliansplatz 10

3 **Bar Alpina**
Rindermarkt 13/14

4 **Weinbar Griabig**
Bräuhausstraße 8

5 **Madam Chutney**
Frauenstraße 11

6 **Königsquelle**
Baaderplatz 2

7 **Burg Pappenheim**
Baaderstraße 46

8 **Blitz**
Museumsinsel 1,
via Ludwigsbrücke

9 **Aroma Kaffeebar**
Pestalozzistraße 24

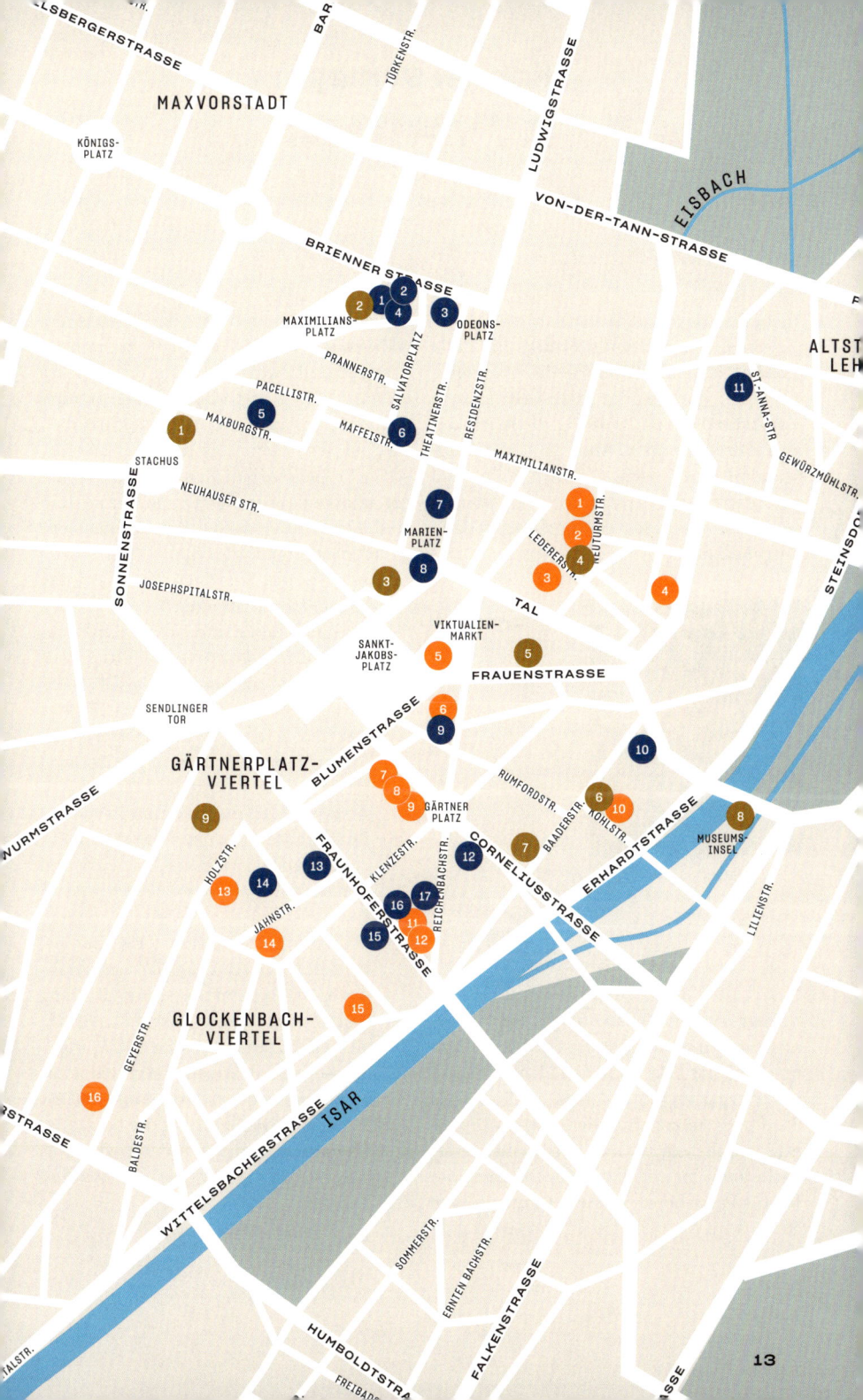

Michael Schlegel

VON STANDL ZU STANDL
AUF DEM VIKTUALIENMARKT

Michael Schlegel kennt sich aus. Mit Äpfeln, die es an seinem Stand in Hülle und Fülle gibt. Mit saisonalem Gemüse, das es vorzugsweise nur dann in die Kisten vor seinem Marktstand schafft, wenn es die Jahreszeit nun einmal hergibt. Aber auch mit Edelbränden, Schnäpsen, Gin und Wein. Und natürlich mit dem *Viktualienmarkt*. Also hat er uns auf einen kleinen Rundgang dorthin mitgenommen.

INSTAGRAM
@schlegel_ohg_official

FLÜSSIGES OBST WIRD DAS GANZE JAHR ÜBER ANGEBOTEN.

Gemeinsam mit seinem Kompagnon Markus Angstmann betreibt Michi am Viktualienmarkt an der Ecke zwischen Fischhändlern und Biergarten seinen Laden. Während des Studiums haben sich die beiden kennengelernt und danach kurzerhand gemeinsame Sache gemacht und das kleine Geschäft von Michis Vater übernommen. In unzähligen Holzkisten liegt vor allem im Herbst eine riesige Auswahl an Äpfeln mit ihren roten, gelben und grünen Bäckchen. Dazu Orangen, Trauben und Zwetschgen. Im Frühjahr ist es dann Spargel aus Schrobenhausen oder Abensberg und auch schon der erste Rhabarber. Im Sommer stapeln sich Klassiker wie Kirschen, Erdbeeren, Marillen und wunderbare Artischocken, ehe im Winter die Maroni dran sind. Alles immer auch mit dem einen oder anderen leckeren Rezepttipp.

Apropos immer. Flüssiges Obst wird das ganze Jahr über angeboten. Feinste Brände, Liköre und Geiste, eine fein selektierte Auswahl an Gin und Weinen türmt sich rund um das Obst und Gemüse. Zudem erweisen sich Markus und Michael als wahre Kenner an Hochprozentigem und bevorzugen dabei auch kleinere, handverlesene Brennereien. Also kann man sich durch bayrische Spezialitäten wie den Funtenseer Enzian aus der Tonflasche, Bärwurz und Meisterwurz probieren. Auch Klassiker wie Obstler und einen besonderen Williams aus dem Hause Psenner, bei dem die Birnen in jenen Flaschen heranwachsen, die dann später zur Abfüllung des Obstbrandes dienen. Ausgefallenes wie Mohnlikör der Schwarzbrenner vom Ammersee und die feinfruchtigen und geschmeidigen Edelbrände von Reisetbauer und Rochelt aus Österreich. Die Beratung der beiden ist kompetent und ehrlich. So findet jeder, was er sucht und mag – in jeder Geschmacks- und Preisklasse.

KURATOR

MICHAEL SCHLEGEL

MITTE

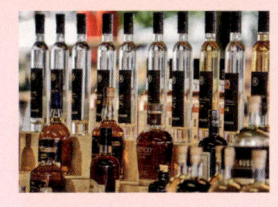

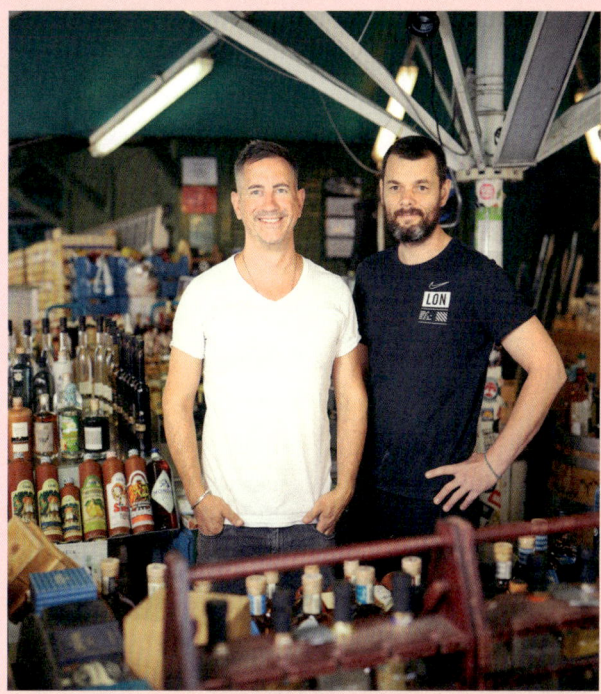

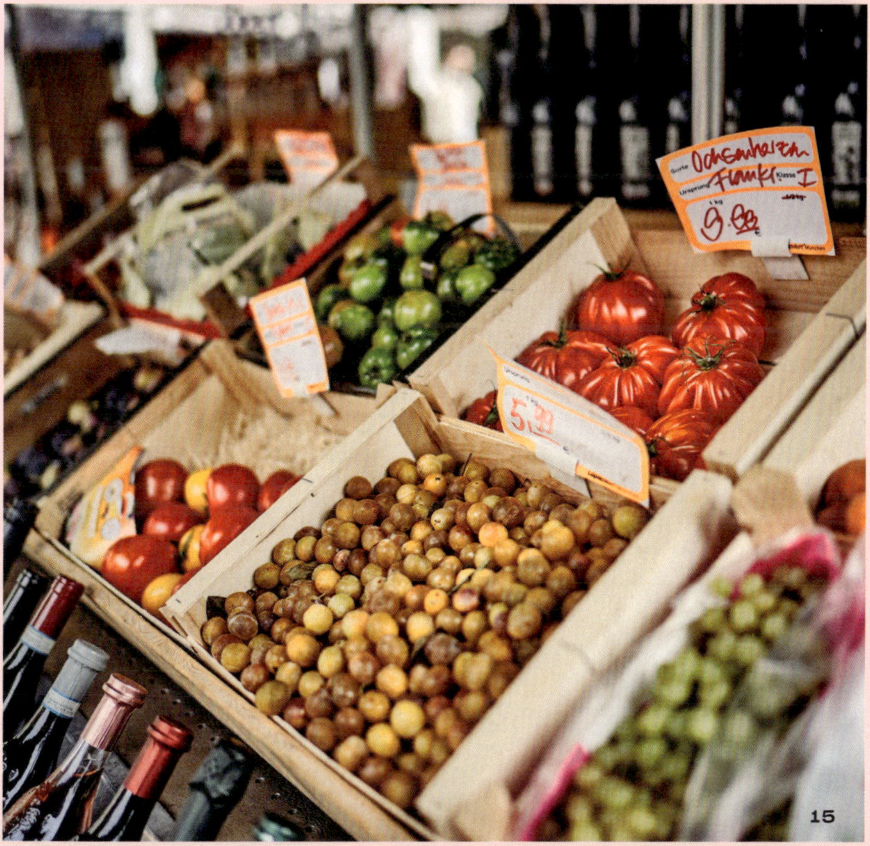

BLÜTENREIN

Frische Schnittblumen, Blumensträuße und Topf-
pflanzen und dazu auch immer neue, zur Jahreszeit
passende Dekorationsideen. Hier im Laden direkt
an der Frauenstraße wird unermüdlich gepflanzt,
geschnitten, arrangiert und mit Hingabe werden
wunderbare Sträuße für die Kundschaft gebunden.

bluetenrein.net

CASPAR PLAUTZ

Die Kartoffel ist der erklärte Held dieses Markt-
standes samt Imbiss. Dominik und Theo setzen mit
ihrem Team das Knollengewächs seit 2017 gekonnt
in Szene. Regional, saisonal, klassisch, modern –
immer jedoch lecker. Im wöchentlichen Wechsel
werden spannende Erdapfel-Gerichte angeboten.
Neben der großen Kartoffelauswahl gibt es dazu
passende Zubereitungstipps.

casparplautz.de — @casparplautz

CHICOS SAFTBAR

Frisch, lecker, gesund – und legendär, dazu Saft und
den neusten Ratsch vom Markt. Die Säfte werden
durchgehend frisch gepresst und ganz nach eigenem Geschmack gemixt. Ein bisschen Obst, Gemüse
und viele Vitamine. Der perfekte Energydrink für
einen Stadtrundgang.

chicos-saftbar.de — @chicossaftbar

KAFFEERÖSTEREI

Geröstet werden nur beste Arabica- und Robusta-
Bohnen, bevorzugt von kleinen Anbaubetrieben.
Beim Cappuccino geben glückliche Kühe ihre Milch
dazu – und die scheint abzufärben. Das Team der
Kaffeerösterei versprüht immer gute Laune, sodass
der morgendliche Espresso in jedem Falle ein Auf-
heller wird. Handgemachte Florentiner sollte man
unbedingt probieren.

kaffee-muenchen.de

16

KÄSE LINDNER

Hier schlägt das Käseherz höher. Durchweg hochwertige, handwerklich exzellent hergestellte Käsesorten und ein grandioser Obazda. Neben traditionellen Sorten finden sich auch Spezialitäten wie etwa Trüffel- oder Bockshornkleekäse in der Auslage. Stammkunden kaufen hier ebenfalls gerne ihre Butter, Milch und Joghurt.

MARINAS FEINKOST

Die Welt italienischer Köstlichkeiten beginnt genau hier. Frische Nudeln, Schinken, Wurst und Käse. Dazu Weine, verschiedene Antipasti, feinherbes Olivenöl und hervorragende Tramezzini. Auf die Faust heißt bei Marina: Streichgorgonzola, Williams Birne, Rucola, Walnüsse und Prosciutto. Amore mio!

marinas-feinkost.de — @marinasfeinkost

DIE SAURE ECKE

Eine Institution, und das schon seit 1903. Das *Saure Eck* der Familie Freisinger ist ein Eldorado für saure Delikatessen und Eingelegtes aus aller Herren Länder. Oliven, Gurken, Sauerkraut und Weinblätter werden neben Kräutern und Fladenbrot angeboten. Der Renner sind die Senf-, Salz- und Essiggurken. Ein saures Vergnügen.

@diesaureecke

BRUNNEN

Auf dem Viktualienmarkt stehen gleich sechs Brunnendenkmäler zu Ehren der unvergessenen Münchner Originale Karl Valentin, Liesl Karlstadt, Weiß Ferdl, Ida Schumacher, Elise Aulinger und Roider Jackl. Zusätzlich gibt es noch den Honig- und den Kartoffelbrunnen. Perfekt, um die Wasserflasche aufzufüllen oder sich kurz am Nass in Trinkwasserqualität zu erfrischen.

Klaus St. Rainer

NACH MITTERNACHT

Wen könnte man besser um seine Empfehlungen für Münchner Nacht-Locations bitten, als den Inhaber der Bar des Jahres 2019? Seine *Goldene Bar* ist längst legendär, was nicht nur an ihrer Geschichte liegt (siehe: nächste Seite), sondern auch an den ausgesucht kreativen Drinks, die bei Klaus nie zu viel Zucker enthalten und deshalb auch wunderbar katervorbeugend sind.

Im zarten Alter von 13 Jahren begann Klaus Stephan Rainer im Bayerischen Hof zu jobben. Dabei lernte er von der sprichwörtlichen Pike auf alles kennen, was in einem Spitzenhotel getan – und gelassen – werden muss. Mit 19 verließ er die Hotellerie und begann in einem Club zu arbeiten, in dem ihm kurz darauf die Partnerrolle angeboten wurde. Ein paar weitere Jahre mit endlosen Stunden zwischen Service, hartnäckigem Clubmanagement und lästiger Buchhaltung später, reduzierte er sich auf den Job des Barkeepers.

Er arbeitete auf der ganzen Welt: Dubai, Mallorca, Paris, Los Angeles, um nur einige Stationen zu nennen, immer auf der Suche nach Neuem in der Kunst des Mixens. Klaus vertiefte sein Repertoire und verfeinerte das Handwerk. Als die Eigensinnigkeit mit zunehmender Erfahrung abgemildert wurde, hatte der junge Perfektionist noch ein weiteres Ziel zu erreichen. Immer schon wollte Klaus für Charles Schumann arbeiten.

Er bewarb sich – und wurde abgelehnt. Die Barlegende sagte ihm, er solle ein anderes Mal wiederkommen. Also kam Klaus einmal im Jahr zurück, um sich wieder zu bewerben. Sieben Mal ging das so, dann hatte er den Job hinter der Bar in der Nähe des Münchner Odeonsplatzes.

POWER-DUO
AUF DEM WEG ZU
LEGENDENSTATUS

WEB
goldenebar.de
INSTAGRAM
@gourmethooligan

Und nach Schumann? Kommt die *Goldene Bar*. Als Klaus' Partnerin, Mutter ihrer gemeinsamen Kinder, Ex-Frau, beste Freundin und kreatives Gegenüber, Leonie von Carnap, ihn schließlich überzeugte, einen Pitch für die *Goldene Bar* im Haus der Kunst zu wagen. Nach einem Sieg gegen über 40 Konkurrenten eröffnete die Bar mit Klaus an der Spitze innerhalb kürzester Zeit wieder ihre Tore. Der Rest ist Geschichte.

GOLDENE BAR

Denn ohne die Worte „Geschichte" und „bewegend" kann man die *Goldene Bar* nicht beschreiben. Einst von den Nazis 1937 als Teil einer politisch-ideologisierten Botschaft entworfen, um der Welt eine angeblich „offene" deutsche Gastronomie-Kultur zu zeigen. Von damals stammen auch die namensgebenden goldenen Landkarten-Mosaike an den Wänden. Nach dem Krieg geriet die Bar für Jahrzehnte in Vergessenheit, wurde als Abstellraum im Haus der Kunst genutzt und buchstäblich zugemauert.

Erst 2010 startete eine Ausschreibung. Das Duo *Leonie von Carnap* und *Klaus Stephan Rainer* stellte sich der Herausforderung, gewann und hauchte der Bar sofort neues Leben ein. Der denkmalgeschützte Raum ist dabei so spektakulär wie das aktuelle Getränkeangebot und ein Muss für eine gepflegte Abendrunde in München. Unsere Empfehlung ist der „Haus der Kunst"-Cocktail. Grob gesagt ein Gin & Tonic mit Champagner – und ein paar Geheimzutaten. *Cheers.*

CABANE

Für mich die ehrlichste Bar Münchens. Dunkles Augustiner vom Faß, ein Gin Tonic, in dem drin ist, was man fast schon nicht mehr erwartet: Gin & Tonic auf Eis. Die meisten Sitzgelegenheiten sind Barhocker und werden im Laufe des Abends bis 2 Uhr früh häufig hin und her geschoben. Denn hier trinkt jeder mit jedem unter der Regie des charakterstarken Chefs Josef Haag.

Theresienstraße 40
cabanebar.de — @cabane_bar

BAR GABÁNYI

Mo. und Di. zu, Mi. und Do. bis 3.00 h, Fr. und Sa. bis 5.00 h und So. bis 4.00 h geöffnet. Stefan war mein hochgeschätzter Kollege im Schuhmann's, wo er zweieinhalb Jahrzehnte arbeitete. Eine eigenwillige Legende, Whisk(e)y-Professor und einer, der wirklich weiß, was „zu viel" ist (Seite 197). Das perfekte Angebot an Bar-Getränken und solide Speisen bis tief in die Nacht.

Beethovenplatz 2
bar-gabanyi.de — @bargabanyi

RATCHADA ORIGINAL THAI

Late night und überhaupt ein Top-Thai. Ganz zentral am Anfang der Schwanthalerstraße gelegen, kann man hier bis 3.00 h an Freitagen und Samstagen hingehen. Unter der Woche schließt das *Ratchada* bereits um 23.00 h. Ob hier im Herbst 2020 das legendäre Karaoke veranstaltet wird, hängt von den geltenden Auflagen ab.

Schwanthalerstraße 8
ratchada.de — @ratchada_munich

THE HIGH

Easy Bar. Donnerstag bis Samstag bis 2.00 h. Ebenfalls fußläufig zum oder vom Zentrum gelegen. Die Domain der Website lässt Schlimmstes vermuten, dennoch ist mit „drink our balls"(.de) die Spezialität des Hauses gemeint: Highballs. Spirit-basiewrt und schnörkellos.

Blumenstraße 15
drinkourballs.de — @the.high.bar

KURATOR

KLAUS ST. RAINER

MITTE

Sven Renz

ADRESSE Neuturmstraße 5 — T 089 622 868 822
IG @svenrenz_gmbh — WEB svenrenz.cc

Sven Renz, ehemaliger Bundesliga-Triathlet, hat mit seiner „The Joinery" eine einzigartige Kombination aus Store, Manufaktur und Lounge geschaffen. Als Spezialist für maßgefertigte Skischuhe sowie Einlagen und Laufschuhe sind Sven und sein Team weit über die Münchner Stadtgrenzen hinaus bekannt. Für die optimale Anpassung bringt Sven nicht nur seine persönlichen Erfahrungen aus dem Profisport mit ein, sondern er greift auf das Know-how von Sportwissenschaftlern und Orthopädietechnikern zurück – eine perfekte Ergänzung.

Die „Gläserne Manufaktur" ist das Herzstück. Hier kann man den Experten bei der Arbeit über die Schulter schauen. Mit einem 3-D-Scanner werden Füße und Beine bis zu den Knien vermessen und in ein Computer-modell umgewandelt. In detailgenauer Arbeit bekommt der Schuh dann die perfekte Passform und bietet künftig optimalen Tragekomfort. Beim Skischuh wird am Ende noch ein bisschen feingetuned, da der Innenschuh ausgeschäumt wird. Nach dem Aushärten des Schaums besteht dann eine perfekte Verbindung zwischen Fuß und Skischuh.

Jakob Blum Hofbräuhaus-Kunstmühle

ADRESSE Neuturmstraße 3 — **T** 089 294 222
IG @knappundwenig— **WEB** hb-kunstmuehle.de

Schon seit Beginn der Neuzeit findet sich innerhalb der Stadtmauer Münchens eine Malzmühle an der Stelle in der Neuturmstraße. Hier etwa wurde unter anderem das Malz für die Hofbräuhaus-Brauerei nebenan gemahlen. Heute ist es die einzige Mehlmühle innerhalb des Stadtgebiets. Die Umstellung von Malz- zur Mehl-Mühle erfolgte, als das Brauhaus in eine Großgaststätte umgewandelt wurde und die Brauerei weiter an den Wiener Platz zog.

Im Krieg fast unbeschädigt, setzte die Mühle ihren Betrieb weiterhin mit Wasserkraft fort, ehe die Auflassung der Münchner Stadtbäche sie zur Umstellung auf Strom zwang. 1988 wurde zur Mühle ein Mehlladen eröffnet, sodass auch private Haushalte hier ihren Mehlbedarf decken können. Seit 2010 gibt es gleich links nebenan einen Brotladen. Und wenn es nach uns geht, dann gibt es hier die perfekte Brezn. Resch, aber nicht zu dunkel. Ein Genuss. Heute kann man die Mühle jeden Freitag in Form einer Führung besuchen. Brotback-Kurse werden ebenfalls angeboten.

Patrik Muff

ADRESSE Ledererstraße 10 — **T** 089 123 704 0
IG @atelierpatrikmuff — **WEB** patrikmuff.com

Seit über 35 Jahren ist *Patrik Muff* unermüdlicher Handwerker, Goldschmied und Designer. Sein Antrieb? Leidenschaft. Wollte man seinen Stil beschreiben, landet man schnell bei Insekten, Totenköpfen und Geweihen – Figürlichem aus Religion, Natur und Mythologie. Über 1500 Teile sprechen für sich. Seine aktuelle Kollektion „Sehnsucht" (2020) mit freundlichen Reise-Symbolen setzt einen milden Kontrapunkt zu seinem Werk.

Die Königsdisziplin bleiben jedoch ganz persönliche Individualanfertigungen. Hier befasst sich Patrik erst einmal mit dem Menschen und dessen Geschichte, ehe er kreativ wird. Resultate sind: ein verzierter Knauf eines Gehstocks, eine seltene Münze, gefasst als Amulett, sowie Familien- und Siegelringe. Sogar einen Asthma-Spray-Dosierer hat er designt, reich verziert mit Symbolen, die dem Besitzer wichtig sind.

Auch die Lage seines Ateliers hat etwas Symbolisches. In der Lederergasse schlug schon im Mittelalter das handwerkliche Herz Münchens. Färber, Kürschner, Malz- und Mehlmühlen, Bierbrauer. Heute ist dies der einzige Ort – neben der Urgalerie in Köln – wo man *Muff* kaufen kann.

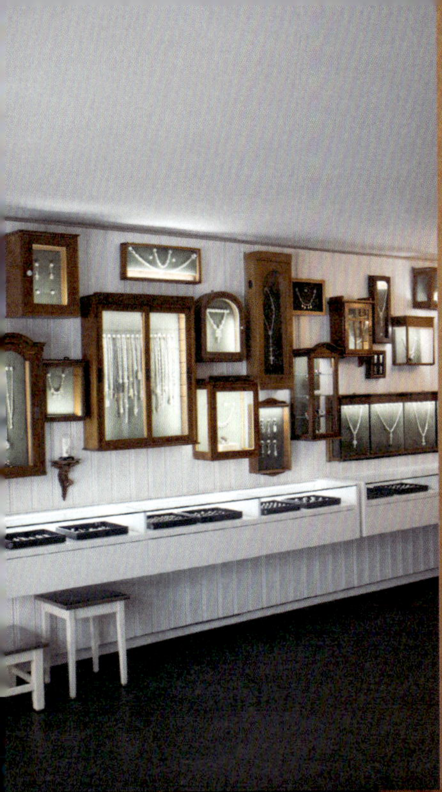

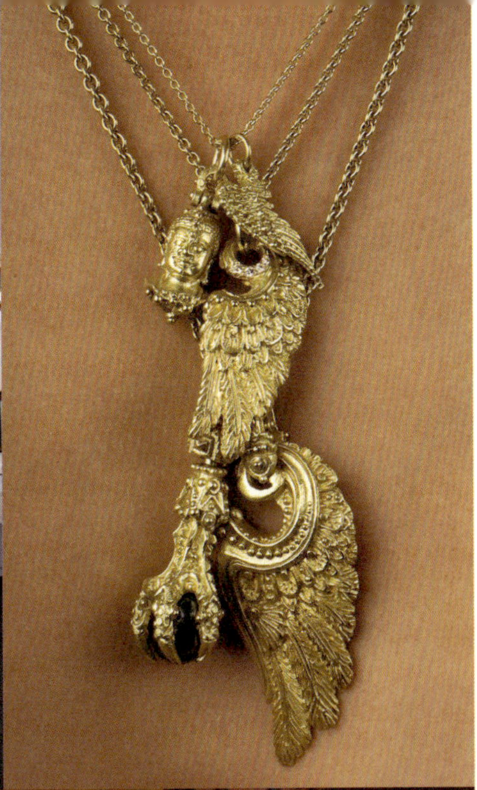

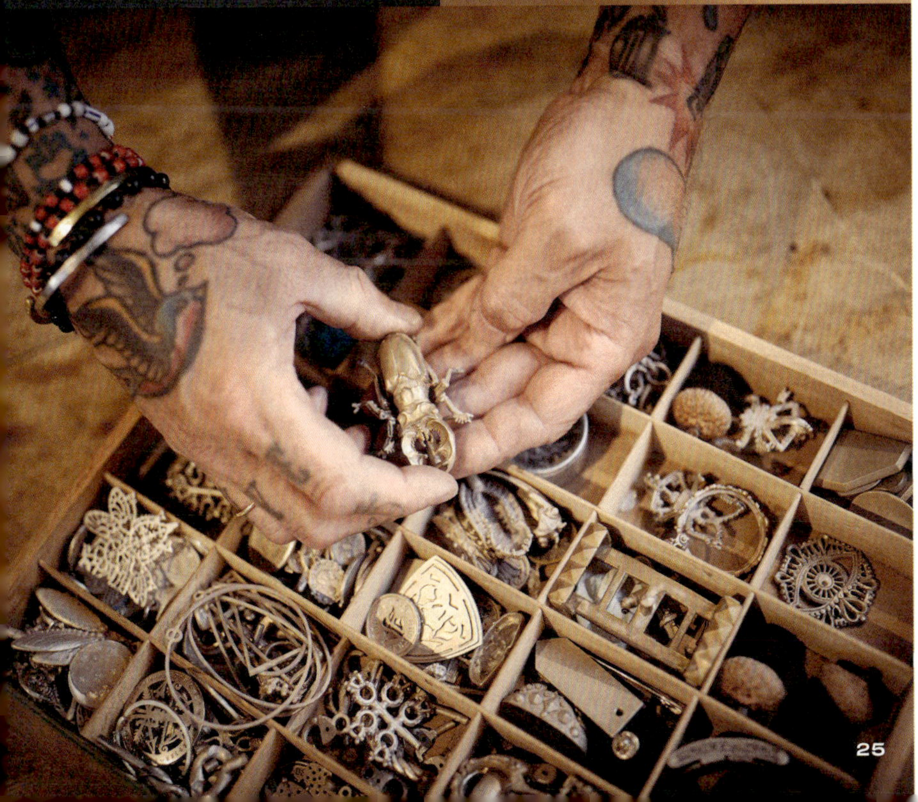

Lea Zapf

ADRESSE Viktualienmarkt — T 089 242 176 05
IG @leazapf_marktpatisserie — WEB leazapf.de

Konditormeisterin *Lea Zapf* hat sich mit dem Einzug in ein typisches grünes Häuschen auf dem Viktualienmarkt einen Traum erfüllt. In der Marktpatisserie backt sie mit natürlichen Zutaten aus der nächsten Umgebung. Die Eier kommen von glücklichen und frei lebenden Hühnern vom Hof Gut Hollern in Eching. Die Hofbräuhaus-Kunstmühle im Tal mahlt das Mehl. Lea bäckt am liebsten so natürlich wie möglich, denn sie interessiert und reizt der reine und volle Geschmack.

Sie hat sehr hohe Ansprüche an ihre Handwerkskunst, welche sich in ihren Kreationen in jedem Detail wiederfinden und schmecken lassen. Es gibt Luftikusse, eine Art Windbeutel, mit Cremes aus Pistazie, Salzkaramell und Lemon-Curd. Schokoladen-Tarte auf einer gepufften Quinoa-Schnitte mit einer Decke aus Erdnusscreme, hinreißende Zimtschnecken und Käsekuchen. Frische Limonaden und Kaffee runden das Angebot ab. Tradition trifft so auf eine Mischung aus französischer und deutscher Backkunst und entfaltet sich in ihren kunstvollen Eigenkreationen.

Das Backen ist für Lea eine Kunstform und der Geschmack verknüpft sich sofort mit der wunderbaren Stimmung an ihrem Standl. Gestreifte Markisen, gemütliche Sitzgelegenheiten mit Blick in die Backstube und das Treiben auf dem Viktualienmarkt.

Vor Shoes

ADRESSE Utzschneiderstraße 7 — **T** 089 210 221 20
IG @vor.shoes — **WEB** vor.shoes

Seit 2010 gibt es *VOR*, immer auf der Suche nach Perfektion. Eine Schuhmarke aus München, die sich vom Schnürband bis zur Sohle mit dem Prädikat „Made in Germany" schmücken darf. Schuhe, die nicht um die halbe Welt gereist sind, ehe man selbst die ersten Schritte damit macht. Alles wird selbst entwickelt, entworfen und lokal produziert. Eine willkommene Seltenheit.

Die Gründer, Jörg Rohwer-Kahlmann und Andreas Klingseisen, wollen mit jedem Modell näher an den perfekten Schuh heran. Aufwendig von Hand gefertigt, keine Massenware. Sie sollen gut aussehen, bequem sein, dem Innenleben wird genauso viel Aufmerksamkeit geschenkt wie dem Äußeren. *VOR-Schuhe* erkennt man auf den ersten Blick, obwohl sie ganz ohne Markenlogo auskommen. Und noch mehr, wenn man hineinschlüpft. Ein überaus bequemes Fußbett in edler Hülle, das auch sockenlosen Füßen schmeichelt. Ganz einfach ein großartiges Design, das man sich um die Füße schnüren kann.

Der Showroom zwischen Gärtnerplatz und Viktualienmarkt zeigt sich fast wie die Schuhe: klar, hell, funktional – und gemütlich. Ein Raum für Ideen, interdisziplinären Austausch und, na klar, auch zum Anprobieren.

Holzrausch

ADRESSE Corneliusstraße 2 — T 089 189 328 80
IG @holzrausch_official — WEB holzrausch.de

Galerie, Handwerk, Detailschmiede und Materialschau. Genau darum dreht sich alles im *Holzrausch*-Musterraum in der Corneliusstraße. Die beiden Gründer Tobias Petri und Sven Petzold zeigen, wie der Dialog zwischen Materialien, Räumen und Architektur entstehen und funktionieren kann. Und zwar nicht allein, sondern gemeinsam mit einem Team von Innenarchitekten, Architekten, Holzingenieuren, Oberflächentechnikern, Gesellen, Lehrlingen und Handwerksmeistern.

Der planerische Schwerpunkt liegt dabei darauf, sich auf das Wesentliche zu konzentrieren und einen ganzheitlichen Ansatz im Umgang mit Materialität, Details und Handwerk herzustellen. *Holzrausch* kommt aus dem Handwerk. Form, Funktionalität und Verarbeitung sprechen dabei für sich und es entstehen maßgeschneiderte, individuelle Lösungen für hohe Ansprüche.

Die Fertigung erfolgt dann in den eigenen Werkstätten in Forstinning, unweit von München. Klassisches Handwerk in Verbindung mit modernsten Maschinen bearbeitet hier das Holz und lässt Einrichtungen entstehen. Das Resultat: Innenraumkonzepte und Architekturmöbel mit höchstem Anspruch an Qualität und Material.

Davo Phillips

ADRESSE Thomas-Wimmer-Ring 9 — **T** 089 242 128 94
IG @guten_biken — **WEB** gutenbiken.com

David „Davo" Phillips ist zehn, als er zum ersten Mal auf einem Fahrradsattel sitzt. Der Australier ist ein Spätstarter, für den sich jedoch direkt eine neue Welt öffnet. Pure Freiheit – und zugleich eine Flucht aus dem Alltag. An seinem Mountainbike schraubt er damals schon in jeder freien Minute. Reparieren, Zusammenhänge verstehen, tüfteln, kreative Lösungen finden. All das weist ihm auch den Weg zu seinem Metall- und Schmuckdesignstudium, das er mit Diplom an der Akademie der Bildenden Künste in München abschließt.

Die Faszination des Fahrrads hat Davo nie losgelassen. Die Custom Bikes, die er baut, folgen den Vorgaben der Körpermaße seiner Kundschaft, dem angedachten Einsatzzweck sowie den Anforderungen der ausgewählten Komponenten. Er experimentiert mit Rahmengeometrien, schweißt und lötet mit hingebungsvoller Präzision.

Unter dem Label „No Public Issue" entstehen maßgefertigte Unikate, in denen Optik, Haptik und Fahrdynamik zu einer Einheit verschmelzen. Das Material der Wahl ist Stahl.

In der Nähe seiner Werkstatt betreibt Davo den Fahrradladen „Guten Biken". Für Reparaturen und Beratung bitte vorher einen Termin vereinbaren.

32

Cocii Jewelry

ADRESSE Corneliusstraße 12 — **T** 089 491 111 4
IG @cocii_jewelry — **WEB** cocii.de

Mit *Cocii Jewelry* hat die diplomierte Schmuckdesignerin Claudia Lassner 2010 in der Nähe des Gärtnerplatzes ihr Studio aufgeschlagen und eine kleine Nische besetzt. Mit Erfolg. Denn ihre Schmuckstücke sind unprätentiös, sehr wohldurchdacht, bewusst schnörkellos und dabei ungemein zeitlos. Vor allem das Zusammenspiel von Körper, Form und Bewegung rückt Claudia bei ihren Kreationen in den Fokus.

Ihre Inspiration schöpft sie dabei aus ganz unterschiedlichen Quellen: Mode, Musik, Science-Fiction, Glamour der 20er-Jahre. Aber auch im Alltag ist Claudia eine gute Beobachterin und untersucht stets die Zusammenhänge zwischen Tradition und Moderne.

Aus ihrer Werkstatt kommt anspruchsvoller Schmuck für die Frau des 21. Jahrhunderts. Selbstredend stammen die Edelsteine von Fairtrade-verifizierten Minen und Lieferanten und das Gold, das seit den 1970er-Jahren im deutschen Raum im Umlauf ist, wird immer wieder aufbereitet und umgearbeitet.

Wer selbst eine Idee hat, ist bei *Cocii* ebenfalls an der richtigen Adresse. Individuelle Ideen setzt sie gerne um. Durch das gemeinsame Überlegen und Tüfteln entstehen immer wieder neue Sichtweisen und Raum für Inspiration.

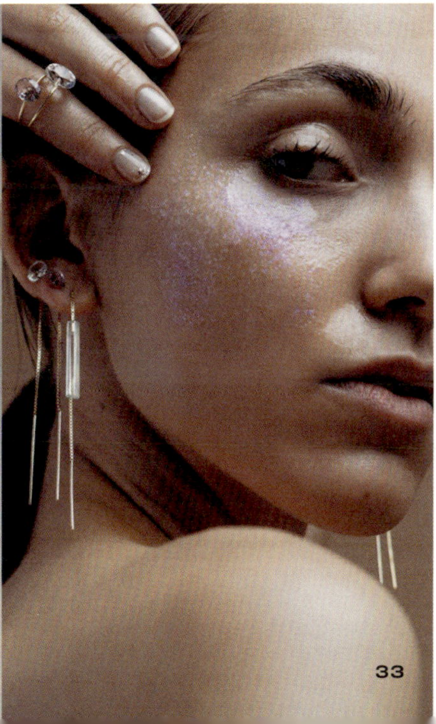

Kathrin Heubeck

ADRESSE Corneliusstraße 12 — **T** 0172 152 232 2
IG @kathrinheubeck — **WEB** kathrinheubeck.com

Kathrin Heubeck, Architektin und Designerin, gründete ihr gleichnamiges Taschenlabel in Brooklyn, New York. Seit 2014 fertigt sie, exklusiv und in Handarbeit, minimalistische Handtaschen und Accessoires in ihrem Studio in München.

Jedes Modell ihrer Kollektion zeichnet sich aus durch eine kompromisslose Schlichtheit, die ihre Produkte zu eleganten, zeitlosen Begleitern machen. Die Rohware kommt ausschließlich aus Deutschland und ist unter ökologischen Gesichtspunkten produziert.

Im Entwurfsprozess liegt der Fokus stets darauf, dem Material den größten Raum zu geben – das Design muss immer so sein, dass das Material in seiner Schönheit wirklich wirken kann. Beim Entwerfen zählt jedes noch so kleine Detail.

Für *Kathrin Heubeck* ist die Tasche ein ständiger Begleiter, der es ermöglicht, die ganz persönlichen Dinge immer bei sich zu tragen. Natürlich ist eine Handtasche dabei auch ein modisches Statement. Die Faszination dabei ist, ein schönes Material in eine schöne Form zu bringen und die Tatsache, dass Leder – weil ein Naturprodukt – immer anders ist und so jeder Tasche/jedem Produkt einen ganz eigenen Charakter verleiht. Jeder einzelne Arbeitsschritt erfolgt in ihrem Studio, das gleichzeitig ein Ladengeschäft ist.

Schuh Bertl

ADRESSE Kohlstraße 3 — **T** 089 297 162
IG @schuhbertl — **WEB** schuhbertl.com

„Es gibt keine Schuhmacher mehr wie mich, das Handwerk stirbt aus," sagt „der Bertl". Und er muss es wissen, schließlich ist er seit über 30 Jahren als Schuhmacher tätig. In seiner Werkstatt geht es nicht nur um Schuhe an sich, sondern auch um die Bewahrung von unschätzbarem Schuhmacherwissen. Der *Schuh Bertl* gilt auch als „Ideen- und Wissensarchiv".

Natürlich kann man Schuhe kaufen. Sie baumeln von der Decke, überall riecht es nach Leder. Der klassische Haferlschuh, Arbeitsstiefel aus Juchtenleder, unzählige Unikate und Maßanfertigungen, doppelt oder rahmengenähte Schuhe.

Zum Sortiment gehören auch passende Accessoires, wie etwa der klassische Jägerrucksack und die spezielle Geldbörse aus Stierhoden – natürlich ohne jede Naht!

Bertl sammelt Bücher über Schuhe – und schreibt auch welche. Weil die Industrie auf das Handwerk angewiesen ist, beschäftigt er sich deshalb heute mit der Konstruktion neuer Schuhmodelle und dem Bau von Prototypen. Eine Welt der Schuhe, aus feinsten Materialien, die gut sitzen und bequem sind, auch wenn sie den ganzen Tag getragen werden. Und vor allem: Schuhe, die jederzeit und überall repariert werden können.

Hannes Roether

Die Großeltern als Initialzündung: Nickys Opa führte einen Handarbeitsladen, Hannes erste Nähmaschine, auf der er seine ersten Stücke schneiderte, schenkte ihm die Großmutter. Zu zweit sind sie nicht nur ein Paar, sondern seit 15 Jahren das Duo hinter ihrem Label *hannes roether*.

Zeitlos, geradlinig, lässig, mit schlichten, aber raffinierten Details, dominiert von Schwarz und dezenten Farbtönen, so kann man *hannes-roether-Kollektionen* beschreiben. Zum Einsatz kommen Baumwolle, Leinen, Seide und raue Stoffe der Arbeiter-Ästhetik – als Hommage an die ehrliche Tradition des Handwerks:

„Ich mache keine Mode, sondern Klamotte", sagt Hannes. Die funktioniert gleichermaßen über Optik wie Haptik. Es sind Kleidungsstücke fürs Leben, die immer und überall getragen werden können – ob im Meeting, im Wald, in der Bar.

Hannes entwirft die Männermode, Nicky startete 2007 mit der Frauenlinie, produziert wird damals wie heute nur in Europa. Wer die Arbeit der beiden kennenlernen möchte, sollte einfach in die Läden gehen: Orte voller Patina, die viel über die Persönlichkeit und den Lebensstil der beiden verraten – und verdammt gut aussehen.

37

Trautmann Schuhwerk

ADRESSE Klenzestraße 58 — **T** 089 890 527 67
IG @trautmann.schuhwerk — **WEB** trautmann-schuhwerk.com

In mittlerweile 7. Generation übt *Martin Trautmann* das Schuhmacherhandwerk aus. Nach der Ausbildung zum Orthopädieschuhmacher folgen Wanderjahre in Frankreich, Österreich und Australien. Den Horizont erweitern, sich verbessern. Heute steht Martin mit schwerer Schürze und handgeflochtenen Schuhen in seiner Werkstatt im Glockenbachviertel und lebt jeden Tag diese Leidenschaft für den Handwerksberuf. Sein Hauptanliegen: Maß- und Orthopädieschuhmacherei zu verbinden.

Nachhaltigkeit ist dabei oberstes Gebot, weshalb Martin ausschließlich fair hergestelltes und nicht gesundheitsschädliches Leder verwendet. Die Werkstatt strahlt eine wunderbare Energie aus: Die alten Werkzeuge und Maschinen, die Schuhleisten an der Wand, der Geruch von Leder und Farbe – und die präzise Handwerkskunst, welche einen Schuh von Grund auf entstehen lässt.

Martin fertigt natürlich auch Maßschuhe. Dann immer auch mit dem Augenmerk, wie er eine mögliche Fehlstellung mit Schuhmachermitteln korrigieren kann. Das Unikat soll nicht nur perfekt sitzen, sondern den Träger ein Leben lang begleiten. Im Meisterbetrieb bietet er deshalb auch Schuhreparaturen aller Art. Das ist umweltbewusst und nachhaltig.

Werkstatt München

ADRESSE Fraunhoferstraße 31 — **T** 089 202 084 50
IG @werkstattmunchen — **WEB** werkstatt-muenchen.com

Münchner Innenstadt, Glockenbachviertel, der Altbau unscheinbar, die Tür massiv. Wer den Blick dahinter wagt, gelangt in einen scheinbar vergessenen, 150 Jahre alten Innenhof. Hier findet man eine Bronzegießerei, überwiegend im Originalzustand, die heute als Atelier der Schmuckmacher von *WERKSTATT:MÜNCHEN* dient.

Während „handmade" geradezu inflationär gebraucht wird, darf man es bei der *WERKSTATT* wörtlich nehmen: Die auf den ersten Blick simpel scheinenden, jedoch detailverliebten Stücke werden komplett von Hand gefertigt. Oft mit Jahrzehnte alten oder im Haus entwickelten Spezialwerkzeugen wie speziell geschliffenen Hämmern oder individuell gravierten Prägewerkzeugen.

Nach seiner Ausbildung zum Gold- und Silberschmiedemeister gründete Klaus Lohmeyer im Jahr 1996 seine *WERKSTATT:MÜNCHEN*. Die Idee: schöne, moderne und gleichzeitig zeitlose Stücke zu gestalten. Ein 15-köpfiges Team aus Künstlern, Designern und Handwerkern arbeitet eng im Fertigungsprozess zusammen. Stets mit dem Augenmerk, höchste Präzision an den oft extravaganten Schmuckstücken walten zu lassen.

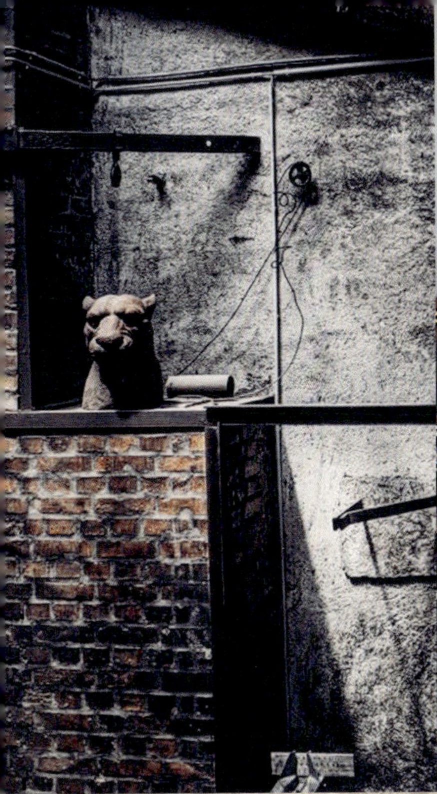

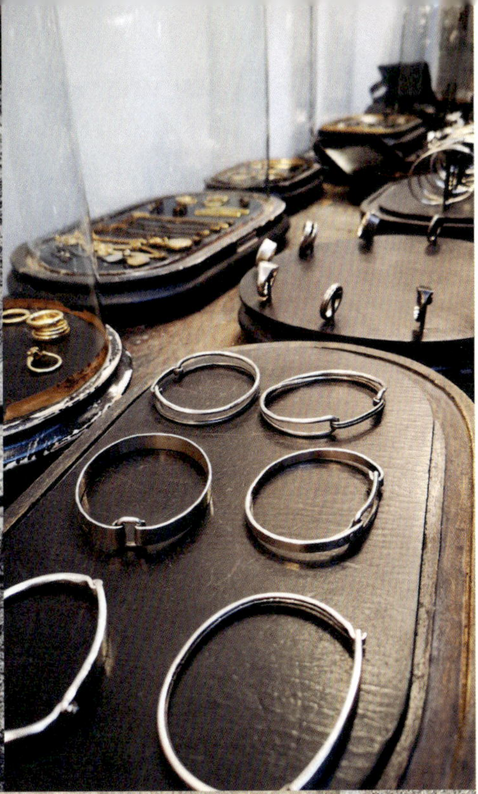

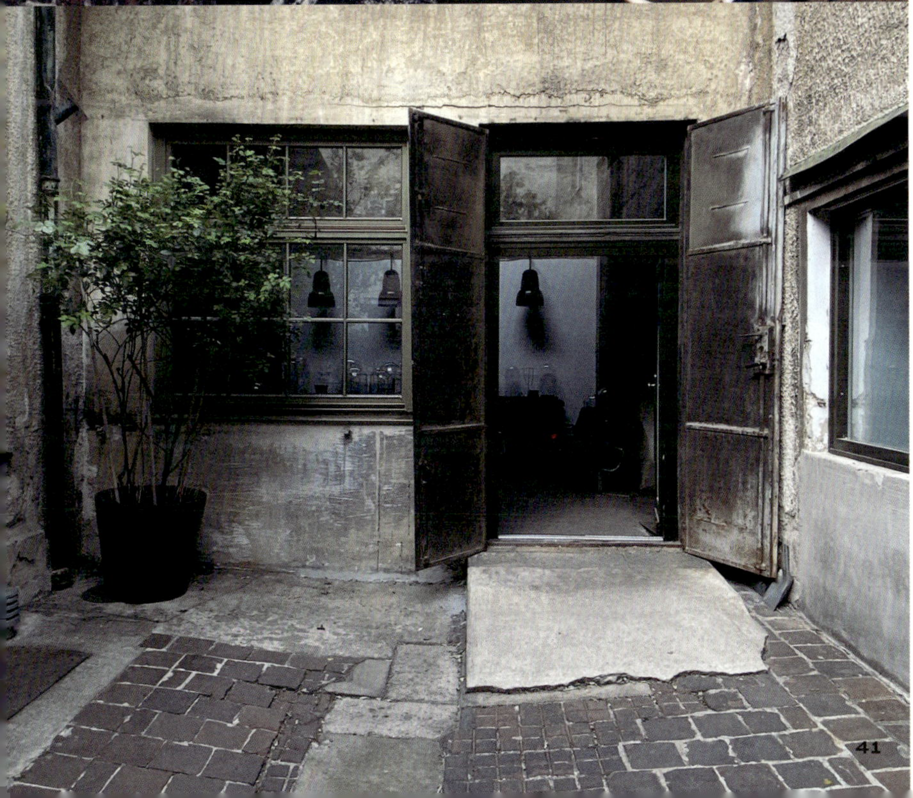

Papierwerk Glockenbach

ADRESSE Auenstraße 28 — **T** 089 122 954 27
IG @papierwerk_glockenbach — **WEB** papierwerk-glockenbach.de

Das *Papierwerk Glockenbach* wurde 2016 von Annamaria Leiste und Raphael Grotthuss gegründet.

Wir produzieren einzigartige Papiere und Papierobjekte und können als Hand-Manufaktur auf jeden Wunsch eingehen, sei es bei der Fasermischung, Grammatur, Leimung, Größe oder den chemischen Zusätzen. Für die Papierherstellung stehen uns drei Techniken zur Verfügung: Schöpfen (max. 56 x 72 cm) Gießen (max. 150 x 240 cm) Sprühen (max. 150 x 240 cm). Aus Experimenten mit Fasern entstehen Papiere und künstlerische Objekte. Für die Nachbearbeitung kommen verschiedene Maschinen wie Heißprägepresse und Formatschneider zum Einsatz.

Neben der Papierherstellung finden im *Papierwerk Glockenbach* Veranstaltungen rund um das Thema Papier statt. So bieten wir regelmäßig Kurse für handgemachtes Papier oder dessen Verarbeitung an, veranstalten Ausstellungen mit Papierkünstlern und ermöglichen eigenständiges Arbeiten in unserer offenen Werkstatt. So ermöglicht das *Papierwerk* den Austausch und die Begegnung zwischen Menschen.

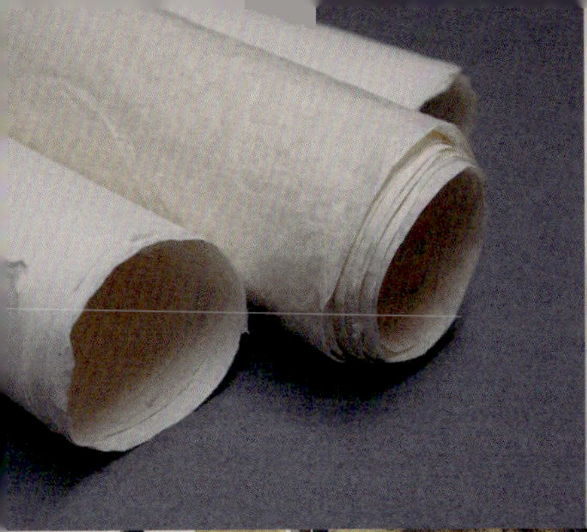

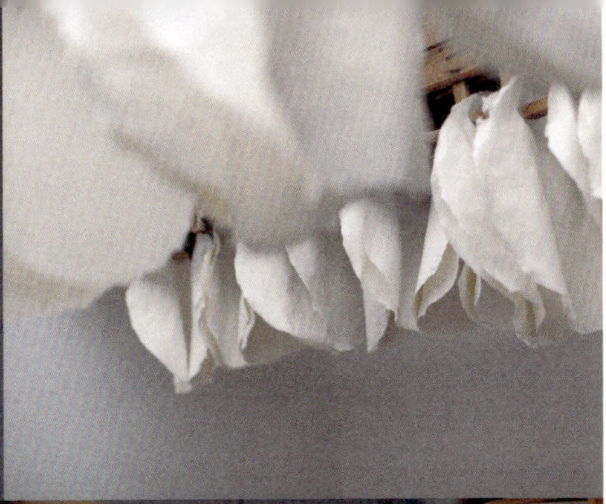

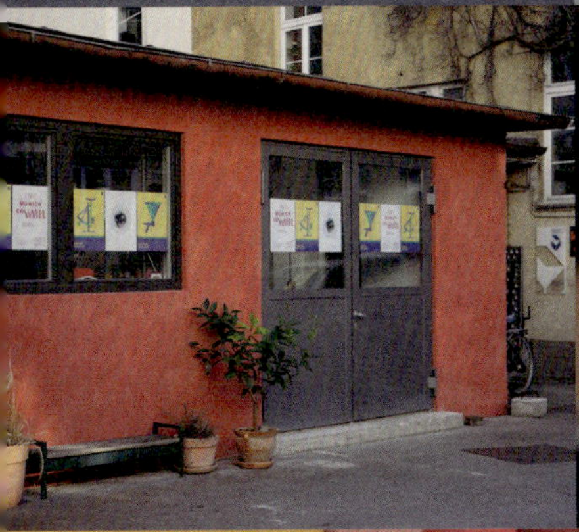

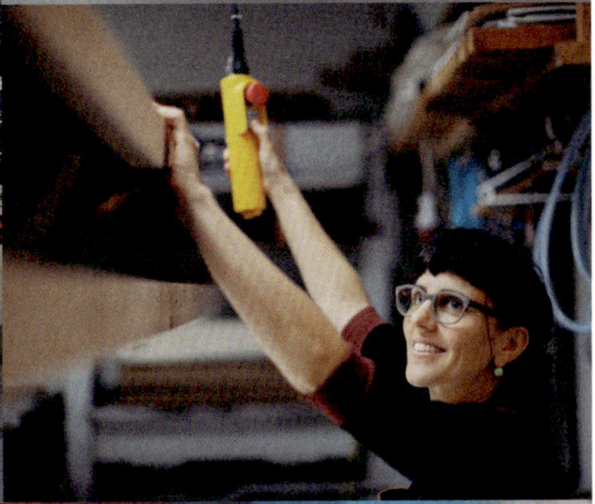

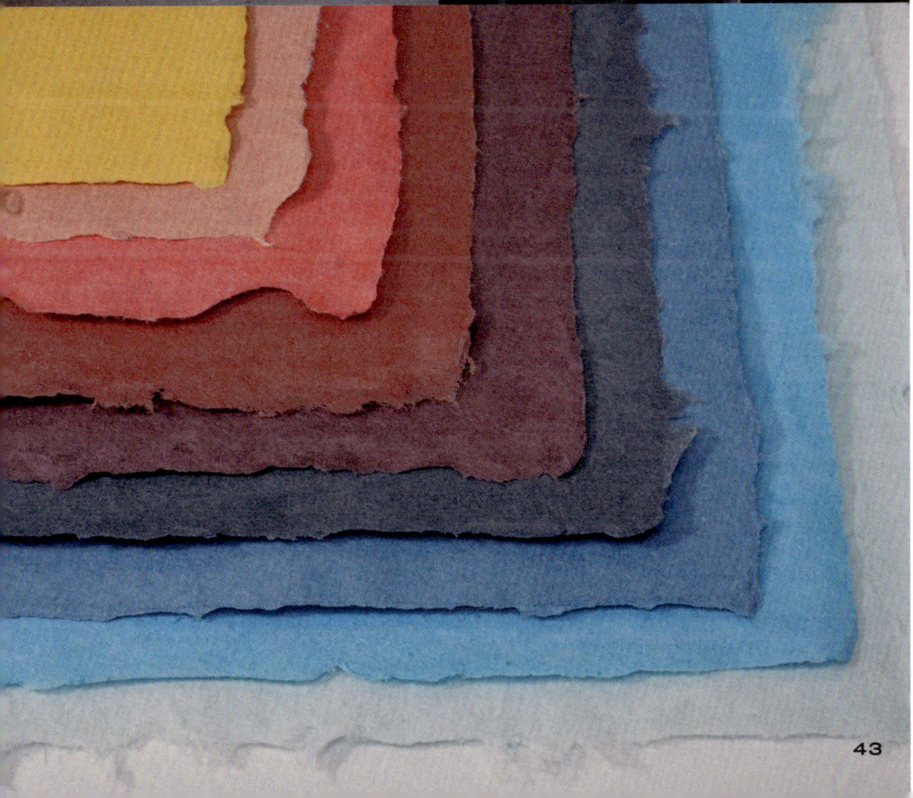

Hannibal

ADRESSE Holzstraße 11 — **T** 089 743 896 06
IG @hannibal_collection — **WEB** hannibal-collection.com

Wenn Simon Hannibal Fischer „reine Hand- (und Kopf)arbeit" sagt, dann meint er das auch so. Deshalb basiert jedes seiner Kleidungsstücke auf einem besonderen Bild. Durch Skizzen, Muster, detaillierte Illustrationen wird es in einem oft langwierigen, intensiven Prozess und fundiertem Schneiderhandwerk zu einem tragbaren Kleidungsstück. Eine Symbiose aus Design, Form und Funktion, die dem*der Träger*in ein einzigartiges Gefühl vermittelt.

Simon und Yvonne haben viele Jahre gebraucht, um Lieferanten zu finden und Beziehungen aufzubauen. Es hat sich gelohnt. Sie arbeiten nur mit kleineren Schneidereien in Familienbesitz, die vollkommen ihr Handwerk verstehen.

Jede Saison entstehen im Atelier neue Kombinationen aus wunderbaren, funktionellen und haltbaren Materialien. Handgepflückte Rohbaumwolle, Leinen, Hanf und Wolle lassen eine echte Patina und einen realistischen Oberflächencharakter entstehen. Am Ende steht immer das perfekte Produkt, das tadellos aussieht und viele Jahre lang hält.

Für Simon ist sein Ladenatelier ein Wohlfühlort. Umgeben von einer Familie, die immer zusammen – und niemals allein – arbeitet.

Saskia Diez

ADRESSE Geyerstraße 20 — **T** 089 228 453 67
IG @diezsaskia — **WEB** saskia-diez.com

Schmuck machen, den man gerne trägt. Der zu einem passt, der modern ist, unprätentiös und authentisch. Der zeigt, wie man lebt und welche Einstellung wir zu uns und unserer Außenwelt haben. Das hatte *Saskia Diez* im Sinn, als sie ihre eigene Marke gründete und dabei ihre ganz eigenen Schmuck-Charakteristika verkörpert: Dauer, Liebe, Intimität, Handwerk.

In dem Studio im Dreimühlenviertel arbeitet Saskia mit ihrem Team sehr hands on. Anpacken, Materialien zusammenstellen, Muster und Modelle basteln, Koordinieren. Produziert wird dann in verschiedenen Werkstätten. Einige davon in München, gerade einmal 10 Minuten zu Fuß. Der Rest verteilt sich auf Städte in Deutschland. Für Saskia ein Vorteil, schließlich wählt sie die Werkstatt nach Technik und Ausstattung aus. Steineschleifen, Gießen, Lasern, Filigranarbeiten oder Löten, Walzen, Drähteziehen – all das erfordert unterschiedliche Werkzeuge und Fähigkeiten.

Am Ende aber zählt das Ergebnis: ein Schmuckstück, das dem hohen Design- und Qualitätsanspruch Saskias genügt, dabei erschwinglich bleibt und, das Wichtigste, den*die Käufer*in zum Strahlen bringt.

Leica Store

ADRESSE Brienner Straße 7 — **T** 089 260 100 00
IG @leicastoremunich — **WEB** leica-store-muenchen.de

Fast scheint es so, als würden unter den weichen runden Bögen zwei rote Augen auf den*die fotointeressierte*n Besucher*in blicken. Statt Pupillen ein Schriftzug – das *Leica*-Logo. Seit Ende 2011 gehört der *Leica Store* fest zum Stadtbild der Münchner Innenstadt unweit des Odeonsplatzes.

Ist man erst einmal durch die Glastür geschritten, steht man in einer ganz anderen Welt. Vitrinen, Kamerabodys, Objektive, Zubehör. Was nicht von Leica selbst stammt, ist gut ausgesucht. Die Taschen von Billingham sind längst Ikonen. Die handgearbeiteten Präzisionswerkzeuge aus Wetzlar ebenso. Wie kaum eine andere Marke steht *Leica* für exzellentes Handwerk made in Germany. Kein Wunder, dass herausragende Fotografen mit *Leicas* unterwegs gewesen sind. Alberto Korda, Robert Capa etwa, aber auch Thomas Höpker oder Herlinde Koelbl, um nur ein paar zu nennen. Sie schätzen Qualität und Haptik, egal, ob analog oder digital.

Überhaupt muss man über die Marke nicht viele Worte verlieren. Man bekommt hier alles, was das Fotografenherz begehrt. Neben Neuware aber sind auch viele gebrauchte Kameras und Objektive im Sortiment. Ein perfekter Einstieg in die *Leica-Welt*. Reinschauen lohnt sich.

Luitpoldblock

ADRESSE Brienner Straße 11 — T 089 242 576 6
IG @luitpoldblock — WEB luitpoldblock.de

Luxuriöse Geschäfte, kleine Händler, schicke Boutiquen, Praxen, Büros und ein Palmengarten. Genau das ist es, was man im *Luitpoldblock* vorfindet.

Ursprünglich 1810–1812 von Joseph von Utzschneider erbaut und nach dem Krieg im Jahr 1962 wiederaufgebaut. Heute kann man den *Luitpoldblock* schon wegen seiner beträchtlichen Ausmaße eigentlich nicht übersehen, dabei ist er auf den ersten Blick doch eher unscheinbar. Fast ungewöhnlich, wo doch die Geschichte und die „inneren Werte" für sich sprechen. Aber es passt perfekt zum Selbstverständnis des Ensembles:

„Wir achten die Welt draußen, um die Welt drinnen verantwortungsvoller zu gestalten."

Im legendären Café Luitpold im Erdgeschoss trinkt man bestes Koffein und verweilt in angenehmer Atmosphäre. Ein Stockwerk höher befindet sich Münchens kleinstes Museum, die Sammlung Café Luitpold. Sie erzählt die Geschichte der Kaffeehauskultur von 1888 bis heute. So ist ein Rundgang im *Luitpoldblock* durch Palmengarten und Passagen und entlang der Schaufenster auch immer eine Reise durch Kunst, Kultur und Münchner Geschichte.

5 INNTAL HANDWEBEREI

Handweberei

Manchmal ist es recht einfach. Echtes handwerk-liches Können in Verbindung mit Design und einer Leidenschaft für Wolle und schon sind wir bei der *Inntal Handweberei* von Werner Rechenauer gelandet. In mittlerweile dritter Generation führt er das Unternehmen, das sein Großvater 1945 einst als Teppichknüpferei in Rosenheim/Happing gegründet hat.

Der Entstehungsprozess eines Wollteppichs ist nahezu unverändert. Man braucht Garn, den Webstuhl und zwei Hände. Im seit 1965 bestehenden Geschäft in der Münchner Innenstadt kann man sich auch selbst von der exzellenten Qualität überzeugen.

Maxburgstraße 4   inntal-handweberei.de
089 295 324

2 PRANTL

Handgemachtes aus Papier und Leder

1797. Bayern hatte noch einen Kurfürsten. Die Französische Revolution galt als beendet. Und *Prantl* gab es bereits in München – sogar mit Kernsortiment hochwertiger Druck-Erzeugnisse, Blindprägung und Leder-Accessoires.

An fast der gleichen Location, im Luitpoldblock, bekommen Haptikliebhaber*innen heute Modernes im altehrwürdigen Münchner Ladengeschäft. Immer noch findet man hier Handgemachtes aus Papier und Leder. Das erfreut nicht nur das Auge, sondern vor allem auch die Fingerspitzen.

Brienner Straße 11   prantl.de
089 223 436   @prantl1797

Leica Store | Galerie

ADRESSE Maffeistraße 4 — **T** 089 693 138 90
IG @leica_camera_deutschland — **WEB** leica-camera.com

Es ist diese Magie aus exzellentem Handwerk made in Germany, hervorragender Bildqualität und Mythos weltberühmter Fotografen, die einen *Leica Store* umweht. Genau diese Kombination spürt man im neu eröffneten Geschäft in der Maffeistraße noch ein bisschen näher. Jeder Fotograf findet hier das richtige Modell für seinen Stil. Das Personal erklärt den Entstehungsprozess der handgefertigten Kameras und berät zu Modellvarianten nebst Objektiven oder den Sportoptikprodukten. Von Sensorreinigung bis zur Kamerabelederung können alle Leistungen abgedeckt werden. Ebenso der An- und Verkauf von gebrauchtem Equipment. Neu ist die angeschlossene Fotogalerie mit wechselnden Ausstellungen, in denen hochkarätige *Leica*-Fotograf*innen ihre Bilder zeigen und verkaufen. Verkaufs- und Ausstellungsraum wurden vom Münchner Unternehmen Holzrausch (Seite 30) in Zusammenarbeit mit dem Office Heinzelmann Ayadi (Seite 76) gestaltet.

Eine weitere Neuerung: Mit der Firma WhiteWall hat man eine unmittelbare Möglichkeit geschaffen, seine eigenen Bilder hochwertig zu drucken und zu rahmen.

Bederke Finest Fabrics

ADRESSE Salvatorplatz 4 — T 089 294 633
IG @bederke_finest_fabrics — WEB finest-fabrics.de

Seit März 1993 betreibt Markus Bederke sein Geschäft im Luitpoldblock am Salvatorplatz. Sobald Besucher*innen den Laden betreten, sinkt der Puls. Alles scheint hier besonders sorgfältig ausgewählt, aufgehängt und arrangiert zu sein. Diese leise Schlichtheit wirkt unheimlich anziehend. Keine Markenlogos und keine schreiende Mode – nicht einmal sichtbare Regale, wo sich die Dinge stapeln könnten. Bei *Finest Fabrics* finden Frauen weitgehend unbekanntere Designer*innen, etwa Strickwaren von Cristina Zamagni und ihrem Label Boboutic. Neben ästhetisch zusammengestellten und ungemein zeitlosen Modestücken finden sich hier auch Wohnobjekte von Michaël Verheyden, Gläser aus dem Hause Lobmeyr und Lederaccessoires und -taschen von Isaac Reina.

Markus Bederke wertschätzt seine Marken und Hersteller in höchstem Maße. Sein feines Sortiment soll die Kund*innen schlichtweg verzaubern. Mit einer Geschichte und höchster Qualität. Auf diese Weise bilden sie einen seltenen wie wunderbaren Kontrapunkt zu Massenprodukten und Uniformität. Ganz harmonisch, ganz leise.

52

7 JOHANNA DAIMER

Filze aller Art

Johanna Daimer, die Urgroßtante der jetzigen Besitzerin Anni Pirchmoser, gründete 1883 ihren Filzhandel. Das Familienunternehmen überstand Weltkriege und Wirtschaftskrisen und vermehrte stets sein ganz besonderes Filzwissen. Im Laden bekommt man alles, was das Filzherz begehrt. Rund, eckig, dick, dünn, in allen erdenklichen Farben.

Wer Filz braucht?! Architekten, Raumgestalter oder Akustiker etwa. Auch Theaterrequisiteure, die Kleidung schneidern. Der rein technische Einsatz ist längst passé. Die „Daimermelangen" haben mit dafür gesorgt, das Naturprodukt heute vielseitig einzusetzen.

Marienplatz 8   daimer-filze.com
089 776 984

8 HOLZ-LEUTE

Holzutensilien

Alteingesessen. So nennt man Geschäfte, die nicht wegzudenken sind, die schon immer da waren, die längst zum Charakter der Stadt gehören. *Holz-Leute* ist so ein Geschäft.

Manche Produkte, die man dort am Viktualienmarkt, Ecke Marienplatz findet, sind heute schon Raritäten. Denn leider ist so manche Fertigungstechnik vom Aussterben bedroht. Immer weniger Handwerker sind fähig, etwa Holzkämme oder Schalen in exzellenter Qualität herzustellen.

Deshalb ist das Schaufenster von *Holz-Leute* auch ein lebendiges Kulturerbe-Museum. Mit dem Unterschied, dass man die sorgfältig ausgesuchten Dinge auch kaufen kann. Denn Löffel, Bürsten und Messer sind zum Benutzen da.

Viktualienmarkt 2   holz-leute.de
089 268 248   @holz_leute

Literatur Moths

ADRESSE Rumfordstraße 48 — **T** 089 291 613 26
IG @literatur_moths — **WEB** li-mo.com

Zwei Schaufenster, dazwischen die Eingangstür. Auslagen, die regelmäßig so liebevoll und detailliert neu gestaltet werden, dass einem gleich der Gedanke kommt, das eigene Bücherregal zu Hause vielleicht doch mal wieder neu zu arrangieren.

Durch den Eingang geht es auf eine Bühne für Bücher. Im Nu steht man in einer Kulisse aus Buchstaben, Grafik und Spektakel. Das literarische Sortiment ist fein kuratiert und wird von Inhaberin Regina Moths gehegt und gepflegt. Ein großartiges Angebot, das Bücher und die Leselust befeuert. Keine Bestsellerranglisten, dafür bedingungslos fantastische und unterhaltsame Beratung und Empfehlungen.

Schmökern ist hier Programm. Das Kochbuchkabinett lässt einem das Wasser im Mund zusammenlaufen. Dazu Bücher aus Kunst, Grafik, Architektur und Design. Reise-, Sach- und Kinderbücher, die den bibliophilen Nachwuchs begeistert blättern lassen.

Zum Abschied: Galanteriewaren. Kleine Geschenke, Mitbringsel und Spielsachen. Oder, wie Frau Moths sagt, „die verdiente Extrawurst, leise Morgengabe, kollegiale Geste, keine Nonbooks."

9 SODA BOOKS

Magazinparadies

Wort und Bild. Gedruckt. In Zeiten digitaler Vergänglichkeit relevant wie nie. Blättern, Lesen, Betrachten, Fühlen. Genau diese Dinge hinterlassen nachhaltige Spuren in unserem Gedächtnis.

Unermüdlich kuratiert Inhaber Sebastian Steinacker für seine beiden *Soda-Shops* – diesen hier und den in Düsseldorf. Seinem Publikum bietet er eine Magazinauswahl, die redaktionelle Qualität und Tiefe vereint. Viele der hier angebotenen Titel findet man wirklich nur hier, das gilt auch weit über die Stadtgrenze hinaus.

Rumfordstraße 3   sodabooks.com
089 202 453 53   @sodabookscom

11 SUNDAY IN BED

Wohlfühl-Laden

„Seit 20 Jahren kommen wir nicht mehr aus dem Bett", lacht Ina Solbach von *Sunday in Bed*. Namensgeber ihres Ladens im Lehel war einst die eigene Kollektion puristischer Bettwäsche aus hochwertigen Stoffen. Inzwischen gibt's auch entspannte Cashmere Homewear, lässige Shirts und gemütliche Hosen im Angebot. Und eigentlich alles Schöne für Wohnzimmer, Küche, Bad, um sich in den eigenen vier Wänden wohlzufühlen.

Alles, was man bei *Sunday in Bed* sieht und fühlt, kann man auch kaufen. Von der Badewanne über Sofas, Betten und Lampen bis hin zu unzähligen wunderbaren Accessoires, die man am liebsten gleich alle mit nach Hause nehmen möchte.

St.-Anna-Straße 29   sundayinbed.de
089 388 870 31   @sundayinbed.de

Bergwein

ADRESSE Corneliusstraße 18 — **T** 089 202 068 08
IG @bergwein_muenchen — **WEB** bergwein.com

Die Südtiroler Weinstraße liegt gleich in der Nähe des Münchner Gärtnerplatzes, in der Corneliusstraße. Die Weinreise nach Südtirol beginnt nämlich hier, im Bergwein. Das Sortiment umfasst rund 300 Weine, Schaumweine und Brände von über 40 Erzeuger*innen. Von Meran und Brixen über Bozen, Kaltern und Tramin bis nach Salurn.

Die Frau hinter dem *Bergwein* ist Claudia Dietsch. Die Produzent*innen ihres Sortiments kennt sie persönlich, was sich bei jeder Beratung schnell bemerkbar macht. Im Mittelpunkt stehen natürlich Qualität, aber besonders auch die Wertschätzung für das meisterliche Handwerk der Winzer*innen. Der direkte Kontakt ist gewollt und man bekommt ihn am einfachsten bei den Verkostungen im Laden, wo regelmäßig auch die Erzeuger*innen geladen sind.

Dann fließen neben Wein auch Informationen zu Weinbau und Weinherstellung – alles aus erster Hand. Natürlich geht es aber auch um andere kulinarische Spezialitäten, wie etwa sortenreine Apfelsäfte, herzhaften Käse oder das Glassortiment von Zalto. Letzteres wäre dann der österreichische Zwischenstopp, ehe es weiter in die Südtiroler Weinberge geht.

Statement - The Denim Store

ADRESSE Fraunhoferstraße 8 — **T** 089 242 923 51
IG @statement_store — **WEB** statement-store.com

Ein Vorteil der Großstadt? F/M/D findet alles. Im Statement Store nicht nur ein außergewöhnliches Sortiment, sondern auch professionelle Beratung. Spezialgebiet: Japanese Denim – die Produkte sind alle handgemacht, mit unglaublicher Liebe zum Detail, bleiben preislich jedoch absolut im Rahmen.

Denim-Koryphäe Josh Heise gründet 2014 gemeinsam mit Kay Knipschild den *Statement Store*. Letzterer legt den Fokus auf ‚true' Denim brands japanischer Manufakturen: Iron Heart, Samurai Jeans, Momotaro, um nur einige zu nennen. Dazu Sun Surf Hawaii-Hemden, ebenfalls in Japan originalgetreu reproduziert.

Hier findet der Denim Head aber auch US-Marken wie Pendleton, Double RL oder Scarti-Lab aus Italien.

Was dabei nicht passt, wird passend gemacht. Weil die meisten Selvedge Denims in einer 36er-Standardlänge kommen, wird im Laden abgesteckt und innerhalb von 24 h gekürzt. Americana und Vintage-inspirierte Hüte, Socken und Accessoires runden das feine Sortiment ab.

Ach ja, Indigo färbt ab. Wer nach dem Eintragen seiner Jeans blaue Socken bekommt, sollte sich freuen. Über eine traditionell gefertigte Jeans ohne Sandstrahler oder Chemikalien. Und bald eine Waschung nach eigenem Trageprofil.

Barber House

15

ADRESSE Fraunhoferstraße 20 / Lenbachplatz 7A, Mini Pavillon / Pacellistr 5
T 089 125 032 700 — **IG** @barberhouse.herrensalon — **WEB** barberhouse.com

Keine laute Musik, kein Fernseher, keine Handys – keine Verbotsschilder. Draußen der Rummel der Fraunhofer- oder Pacellistraße, drinnen gesetzte Farbtöne, geschmeidiges Leder, Marmorfußboden, Ruhe. Im *Barber House* kommt Mann ‚runter', und wird auch nicht nur um des Redens willen in ein Gespräch verwickelt.

Mit Absicht. Gründer Dirk Schlobach wollte einen Kontrapunkt zu Damenfriseuren setzen, die Herrenschnitte mit anbieten, deren Ambiente und Art des Umgangs jedoch selten das ist, was sich Männer wünschen. Seine Barbiere können schneiden und rasieren, Gesichts- und Ohrhaare entfernen und ordentliche Kopfmassagen geben. Pflegeprodukte für zu Hause kann man direkt vor Ort mitnehmen oder über den Online-Shop beziehen. So waren die Münchner *Barber-House*-Läden die ersten, die Beyer's-Oil-Produkte führten und, neben einer eigenen Pflegeserie, immer noch führen.

Der Besuch im *Barber House* gleicht einer kleinen Auszeit. So kann man sich umstylen, zumindest aber wieder in einen ansehnlichen „Gepflegtheitszustand" versetzen lassen. Ehrliches Barbierhandwerk und individuelle Beratung inklusive.

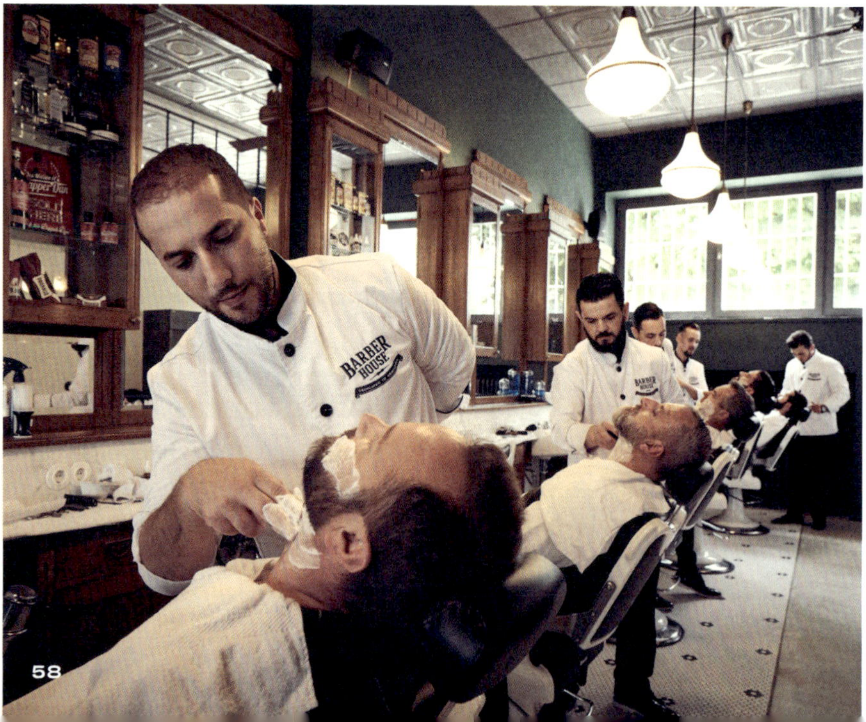

Ralf's Fine Garments

ADRESSE Fraunhoferstraße 29 — **T** 089 189 527 95
IG @ralfsfinegarments — **WEB** ralfsfinegarments.com

Ralf Fischers feines Gespür für Männer-bekleidung. So könnte man das Sortiment seines Ladens auch betiteln. Die meisten Stücke des ewig Suchenden stammen von Herstellern, die er von seinen Ent-deckungstouren rund um den Globus persönlich kennt – Anekdoten für Kun-den inklusive.

Die Schaufensterdekoration allein ist schon einen Spaziergang zu Ralfs Laden in der Fraunhoferstraße wert. Vintage Motorräder, eigenhändig aufgebaute Rennradklassiker, ein Seifenkistenrenn-wagen und ein riesiger Globus locken in die feine Welt der Männermode. Mode,

die zeitlos ist, mit Haltbarkeit, aber ohne Verfallsdatum. Ein Sortiment, in dem jeder ein perfekt sitzendes T-Shirt oder Hemd findet. Eine Jeans für die nächste Dekade, den richtigen Gürtel und dazu den passenden Schuh. Namhafte Marken hängen neben kleinen Manufakturen und den dazu passenden Accessoires. Man spürt sofort, dass Handwerkskunst und hohe Qualität hier Hand in Hand gehen. Deshalb haben alle Label seiner feinen Bekleidungsstücke ihr eigenes kleines Kapitel im Entdeckertagebuch von Ralf Fischer – Inspiration inklusive.

Deru

ADRESSE Reichenbachstraße 38 — **T** 089 288 580 01
IG @derustore — **WEB** deru-store.com

Was bedeutet „Outdoor" in unserer modernen, sich immer schneller drehenden Welt? Und, noch viel wichtiger, wie kann dieser moderne Lifestyle dann tatsächlich aussehen? Genau diesen Fragen gehen Kerstin Gröber und John White mit Deru nicht nur auf den Grund, sie liefern auch Antworten. *Deru* kommt aus dem Japanischen und bedeutet so viel wie „rausgehen", „auf eine Reise gehen", „vorankommen". Genau da setzt *Deru* mit seinem Sortiment an, das Fashion und Funktion zusammenbringt.

Premium-Marken und kleine Labels sorgen schnell für Kopfkino bei Outdoorfans. Nanamica zum Beispiel. Bekleidung jenseits von Trends, entworfen vom langjährigen Segler Eiichiro Homma, der innovative Funktionsmaterialien mit klassischer Bekleidung vereint. Oder „and Wander". Die Marke kombiniert Erfahrungen aus dem Produktdesign mit Inspirationen aus aktuellen Modekollektionen. Herauskommen Outdoor-Kleidung und -Ausrüstung, bei der Mode und Funktion wunderbar zusammengehen und der alpine Touch immer mitschwingt. Für John genau der Ansatz, woran auch er mit *Deru* glaubt. So kommt man beim Besuch von *Deru* in jedem Falle dem nächsten Wander-, Kletter- und Campwochenende ein Stückchen näher.

TIPP

SCHMANKERL

In München gerne mit „n" statt „e", immer
jedoch ohne „l": die Butterbrezn auf die Hand.
Wie resch (knusprig), wie viel Butter und Salz,
jeder mag sie ein bisschen anders. Eine
„Lebakaas-Semme" ist bis weit über den
Weißwurst-Äquator der Münchner Klassiker.
Apropos, ein Münchenbesuch ohne Weiß-
wurscht-Frühstück ist kein solcher. Während
bei der Leberkäs-Semmel der Senf nach Gusto
ausgewählt wird, gibt es bei Weißwürsten keine
Alternative: Süß muss er sein. Nachmittags
darf es dann schmalzgebackener Hefeteig mit
viel Zucker sein: Die Auszog'ne (der Teig wird
vor dem Frittieren auseinandergezogen) ist der
Münchner Süßspeisenklassiker!

BUTTERBREZE
BÄCKEREI HUBER
Türkenstraße 85
BÄCKEREI E. KNAPP & R. WENIG
Neuturmstraße 3

LEBERKÄS-SEMMEL
METZGEREI BAUCH
Thalkirchner Straße 63

WEISSWURST
METZGEREI GASSNER
Zenettistraße 11
GASTSTÄTTE GROSSMARKTHALLE
Kochelseestraße 13

SCHMALZNUDEL
CAFE FRISCHHUT
Prälat-Zistl-Straße 8

14   **OPTIMAL RECORDS**

Turntable Rockers

Den *Optimal*-Plattenladen in der Kolosseumstraße
gibt es seit 1982. Vinyl, so weit das Auge reicht.
Optimal ausgesucht und zusammengestellt. Nicht
ungewöhnlich, dass man neben einem DJ durch die
Platten stöbert, auf dessen Musik man im Club eben
noch getanzt hat. Ob Avantgarde, Industrial, Punk,
New Wave und Reggae, Hip-Hop oder Independent-
Produktionen, hier wird man fündig. Viele werden
sich zurückerinnern, wie sie sich einst durch Platten-
cover geblättert haben. Neben Musik gibt es auch
Bücher, Fanartikel, Wein und Magazine.

Kolosseumstraße 6   optimal-records.de
089 268 185   @optimalrecords

1 IL BAR

Italien am Stachus

Il Bar ist eine italienische Caffé Bar, in der man nicht nur vor Ort genießen kann, sondern auch einkaufen. Was man hier einkauft, wird von den Eignern der Il Bar in italienischen Familienbetrieben gefunden und selbst importiert. Dabei liegt die Werthaltigkeit im Fokus. Das heißt, die Betriebe sind zu klein für Bio-Zertifizierungen. Sie fertigen ihre Produkte so, wie sie diese schon immer produziert haben, mit generationenübergreifender Produktkenntnis und ohne chemische Zusatzstoffe, dafür mit viel Amore.

Karlsplatz 3   il-bar.de
089 209 46 229   @ilbar_karl3

8 BLITZ

Mexikanisches Restaurant

Vegetarisch, vegan, Mexiko? Im *Blitz* geht das ganz wunderbar zusammen! Unter der Wandmalerei feiernder Skelette werden Pilz-Ceviche und Guacamole zu Gemüsechips oder Fajitas mit Süßkartoffeln kredenzt. Dazu warme Tortillas zum Selberbauen. Gedippt wird in Salsas aus Avocado, Bohnenmousse und Manchego. Der Service im *Blitz* ist so, wie es der Name verspricht, die Speisen darf man aber in aller Ruhe genießen. Ein Tipp: Daiquiri nach dem Essen – mit Rum aus der hauseigenen Zuckerrohrpresse. Caramba.

Museumsinsel 1,   @blitz_restaurant
via Ludwigsbrücke   blitz.restaurant
089 380 126 560

2 ESPRESSOBAR BY BALANDELI

Espressobar

Als Gastgeber der Espressobar zeigt sich das Team des *BalanDeli* verantwortlich. Das ist wichtig, denn das Deli wird auf dem Campus der inklusiven Montessori-Schule „Monte Balan" an der Balanstraße als Inklusionsprojekt betrieben. Den Ansatz „Vielfalt bedeutet Mehrwert" verfolgen die Macher selbstverständlich auch in ihrer kleinen Bar im Luitpoldblock. So bekommt das Projekt auch gleich noch ein „Schaufenster" in der Innenstadt.

Maximiliansplatz 10   balan-deli.com/espressobar
089 228 466 40   @espressobar_balandeli

Bar Alpina

ADRESSE Rindermarkt 13/14 — **T** 089 189 486 19
IG @bar_alpina_im_schuster — **WEB** alpinabar.de

Alpine Gerichte, lokal produziert und meilenweit entfernt vom Selbstbedienungsrestaurant im Skigebiet. Ein kleiner Auszug gefällig? Zum Frühstück gibt's den Herzogstand, zwei Rühreier von glücklichen Hühnern auf einer Scheibe Braumeisterbrot mit steirischem Kürbiskernöl und frischen Kräutern. Beim Matterhorn kommt ein Teller reifer Greyerzer und Bergkäse vom Tegernsee, mit selbst gemachter Konfitüre und Tölzer Blütenhonig, dazu Braumeisterbrot und Andechser Rollenbutter.

Mittags warten keine weiteren Gipfel, dafür wechselnde warme Gerichte. Spinatknödel auf herrlichem Wildkräutersalat

etwa. Oder doch lieber ein Herrengedeck mit Ayinger Hell und Lantenhammer Obstler? Abstinenzler*innen greifen zu selbst gemachten Limonaden oder Kräutertee, der nach frisch gemähter Voralpenwiese duftet.

Besucher*innen umweht eine besondere Atmosphäre, sowohl draußen in der Sonne, als auch drinnen am Eichenholztisch. Das Interieur reduziert, aber auch ein bisschen trendig. Wer dann den kleinen Geheimweg an der Bar entlang geht, kommt direkt ins *Sporthaus Schuster*. Womit wir auch wieder am, auf und um den Berg herum sind.

Weinbar Griabig

ADRESSE Bräuhausstraße 8 — **T** 089 232 393 23
IG @weinbar_griabig — **WEB** das-griabig.de

Griabig, das ist bairisch und bedeutet angenehm, behaglich, lauschig, gemütlich. Und das mitten im Herzen Münchens. Kaum vorstellbar, aber wahr. Bei den Gastgebern Bernd Arold und Holger Baier dreht sich nämlich alles um Geselligkeit, Bodenständigkeit und Leidenschaft. Schnickschnack sucht man hier vergebens. Dafür bekommen Besucher*innen tolle Weine und dazu eine kleine, feine Speisekarte, auf der man Gerichte wie Saibling-Weißbier-Ceviche mit Apfel, Rote Bete und Meerrettichcreme oder Mangoldschlutzkrapfen mit Pfifferling-Zitronenbutter findet. Eine Brotzeit im besten Sinne und eine hervorragende Grundlage, um sich durch die exquisite Weinkarte zu arbeiten.

Sommelier Holger Baier berät dabei überaus gut gelaunt und treffend. Nach dem ersten Schluck an der Bar kann man sich im benachbarten Raum unterm Herrgottswinkel niederlassen. Oder man geht noch drei Schritte weiter, um einen Blick in die frei einsehbare Küche zu werfen, wo Pumuckl höchstselbst über allerlei Gewürze und Hülsenfrüchte zu wachen scheint. Ein einfaches, wie ungemein angenehmes Ambiente. Keine Show, es geht um Gutes. Gute Weine, gutes Essen – und darum, eine gute, äh, ‚griabige' Zeit zu haben.

Madam Chutney

ADRESSE Frauenstraße 11 — **T** 0176 619 487 31
IG @madam_chutney — **WEB** madamchutney.com

Als Freund indischen Essens, noch dazu, wenn man bereits in England oder in Indien selbst gegessen hat, reibt man sich verwundert den Bauch, warum es in München so schwierig ist, gut indisch essen zu gehen. Überlange Speisekarten, die immer gleichen Gemüse- und Fleischkombinationen, der Geschmack einheitlich. Doch dann kam die in Delhi aufgewachsene Köchin Prateek Reen nach München und, welch Lichtblick: The magic of Indian food arrived!

Erst ein Geheimtipp im Münchner Norden, gehört das *Madam Chutney* jetzt im Zentrum zu den kulinarischen Highlights. Das Lokal ist, wie passend, im englischen Kolonialstil eingerichtet, den man aber sofort vergisst, wenn die dampfenden Teller vor einem stehen: Indian Streetfood vom Allerfeinsten. Old Delhi lässt grüßen. Denn genau dort in den Familienrestaurants holte sich Prateek viel Inspiration. Deren Rezepte blicken meist auf eine 200-jährige Geschichte zurück. Ihr Signature Dish ist das Butter-Chicken: Man sagt, um 1947 sei es dort erstmals kreiert worden – im *Madam Chutney* ist man mächtig stolz, sich in all den Jahren an das Original so nah (vielleicht schon drüber) herangekocht zu haben!

GASTGEBER

7 BURG PAPPENHEIM

Augustiner vom Holzfass

Ab und zu schaut ein Pferdegespann beim Wirtshaus *Burg Pappenheim* vorbei. Dann werden Holzfässer geliefert, randvoll mit Augustiner Bier. Eine Anerkennung und Auszeichnung, die nur sehr wenigen Münchner Traditionsschänken zuteilwird. Frisch angezapft wird jeden Abend. Die Fässer kommen dann mit einem einzigartigen, handbetriebenen Aufzug aus dem Keller ins Wirtshauslicht. Bei Bier und Schmankerln heißt es dann ein Hoch auf die Wirte Eric und Klaus und ihre bayerische Gemütlich- und Gastlichkeit. Prost.

Baaderstraße 46   gaststaette-pappenheim.de
089 200 190 30

6 KÖNIGSQUELLE

Restaurant & Whisky-Experten

Das beste Wiener Schnitzel der Stadt, das schnellste Pils und sogar die Karte von Hand geschrieben. Dann wäre eigentlich alles zur *Königsquelle* gesagt. Fast. Denn neben einer beeindruckenden Whisky-Sammlung ist es vor allem die Kontinuität einer hervorragenden Küche, mit der das Team um Peter Schreiber schon seit über zwei Jahrzehnten die Münchner erfreut. Die Speisen aus dem Alpenanrainerraum, saisonal und frisch, drinnen und draußen – immer verlässlich lecker und professionell serviert!

Baaderplatz 2   koenigsquelle.de
089 220 071

MITTE

66

9   AROMA KAFFEEBAR

Vom Pornoshop zur Kaffeebar

Seit über 20 Jahren ist das *Aroma* im Glockenbach-viertel ein Garant für Gemütlichkeit, Gewusel und Genuss. Kaffee in allen Varianten, selbst gemachter Kuchen, Pausenbrote und Suppen. Alles wird vor Ort hergestellt, mit Finesse dekoriert und serviert, und das bereits ab 7:00 Uhr früh.

Mittlerweile gehört auch Shades of Love – The Himalayan Eyewear Project dazu. Gegründet von Jürgen Altmann, dem Gastgeber im *Aroma*, soll das Sozialprojekt Menschen in hohen Bergregionen gegen Augenkrankheiten durch UV-Strahlung helfen.

Pestalozzistraße 24   aromakaffeebar.com
089 269 492 49   @aroma_kaffeebar_muenchen

TIPP

HOTELS

Der Schlaf ist für den Menschen wie das Auf-ziehen für die Uhr. Gastlichkeit und verwöhnt werden, mal anders als zu Hause wohnen und schlafen, ein frisch gemachtes Bett und ein gutes Frühstück. Stil und handwerkliches Interieur dürfen es schon sein – und wenn man sich dann nach erlebnisreichem Tag aufs Ohr hauen will, empfehlen wir diese Häuser, welche durchweg eine gute Ausgangslage für abermalige Entdeckungen nach erholsamer Nacht bieten.

CORTIINA HOTEL
Ledererstraße 8, 089 242 249 0
cortiina.com – @cortiina

HAUS IM TAL
Tal 24, 089 904 218 40
hausimtal.com – @the.hausimtal

THE FLUSHING MEADOWS HOTEL & BAR
Fraunhoferstraße 32, 089 552 791 70
theflushingmeadows.com – @theflushingmeadowshotel

HOTEL IM HOF
Schellingstraße 127, 089 700 746 060
hotel-im-hof.de

GÄSTEHAUS ENGLISCHER GARTEN
Liebergesellstraße 8, 089 383 941 0
hotelenglischergarten.de

NORDEN

Am Reißbrett ließ Maximilian I. einst die *Maxvorstadt* planen, um genau dort die königlichen Sammlungen und Universitäten anzusiedeln. Damit schloss sich nicht nur die Lücke zwischen *Zentrum* und *Schwabing,* sondern es entstand eine Kulturdichte der Extraklasse: das *Lenbachhaus*, die *Musikhochschule*, die *Glyptothek*, das *Dokumentationszentrum des Nationalsozialismus*, die *Hochschule für Film und Fernsehen*, das *Ägyptische Museum*, die *Technische* und *Ludwig-Maximilians-Universität*, die *Pinakotheken*, *Museum Brandhorst* oder die *Akademie der Bildenden Künste*. Gastronomische Institutionen wie der *Schellingsalon*, der *Alte Simpel* oder *Minna Thiel* haben sich das Flair der Studentenkneipe im sonst etwas schicken Umfeld bewahrt.

MUSEEN UND UNIVERSITÄTEN
Maxvorstadt

AUSGEH – UND BOHEME-VIERTEL
Schwabing

LEGENDÄRE ARCHITEKTUR
Olympiapark

MÜNCHEN NORDEN

ALTERNATIVEN ABSEITS
DER LEOPOLDSTRASSE

MAKER

17 Schotten & Hansen
    Ludwigstraße 8

18 Dompierre
    Türkenstraße 21

19 L'Atelier Justine Nessi
    Türkenstraße 76

20 Julius Brantner
    Adalbertstraße 25

21 Die Puppenstube
    Luisenstraße 68

22 Echt Jetzt Bäckerei
    Barer Straße 48

23 Werkstatt Höflich
    Enhuberstraße 6–8

24 Kunstgießerei München
    Schleißheimer Straße 72

25 Noh Nee
    Görresstraße 16

26 Radu Baias
    Schleißheimer Straße 23

27 Ingo Maurer
    Kaiserstraße 47

28 Spitzbart Treppen
    Leopoldstraße 126

HÄNDLER

18 Dross & Schaffer
    Ludwigstraße 6

19 Koton
    Barer Straße 38

20 Suckfüll
    Türkenstraße 31

21 Tabak Sommer
    Türkenstraße 43

22 Funk Optik
    Schellingstraße 18

23 Lost Weekend
    Schellingstraße 3

24 Juscomte
    Nordendstraße 36

25 Bertrand
    Berufskleidung
    Hohenzollernstraße 19

26 Halfs Schuhe
    Feilitzschstraße 35

GASTGEBER

10 Arte in Tavola
    Schellingstraße 51

11 Kushi-Tei
    Arcisstraße 39

12 Pizzeria Gegenüber
    Barer Straße 80

13 Gartensalon
    Türkenstraße 90

14 Freebird
    Nordendstraße 12

15 Le Refuge
    Neureutherstraße 8

16 Sclupet
    Clemensstraße 15

17 Boxwerk
    Schwindstraße 5

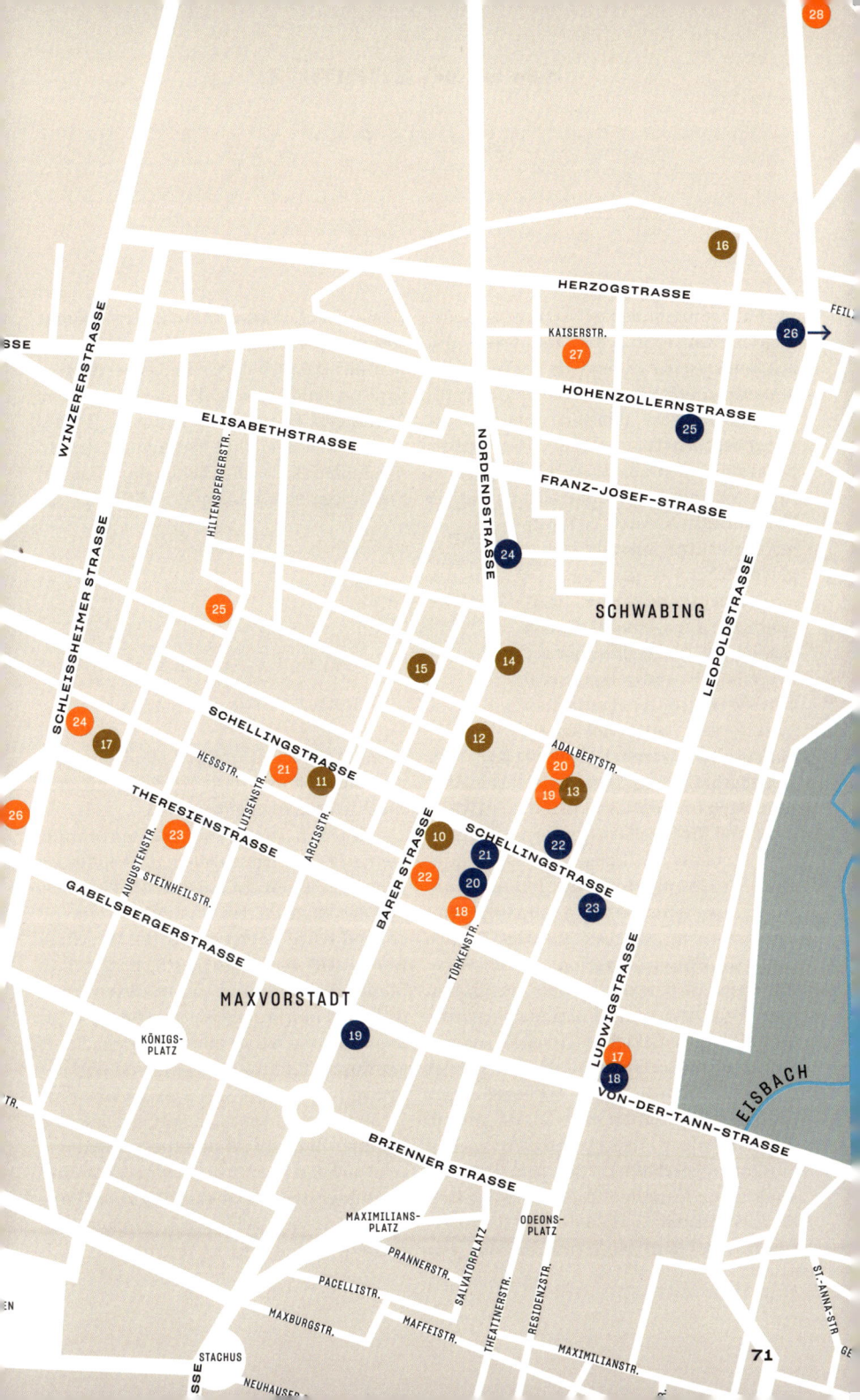

Karsten Schmitz

MIT KUNST DURCH DIE STADT

In München gibt es viele spannende Ausstellungshäuser und Begegnungsorte mit zeitgenössischer Kunst. Als Social Entrepreneur schafft Karsten Schmitz Räume für Kunst, Ökologie, Bildung und Genuss. In der Kunst liegt sein Fokus dabei auf dem aktiven Mitgestalten innovativer künstlerischer Prozesse und dem Vorantreiben kreativer Dynamiken. Karsten Schmitz stellt hier eine Auswahl seiner persönlichen Favoriten vor.

Die Anfänge seines umtriebigen Engagements finden sich im Jahr 2002, als er mit der Leipziger Baumwollspinnerei eines der größten deutschen Areale für zeitgenössische Kunst mitentwickelt. Dort findet auch über freundschaftliche Kontakte zu Leipziger Künstlern die von ihm initiierte Stiftung Federkiel ihr Leuchtturmprojekt. Die Stiftung etabliert als Erstes einen Gastraum, dann ist sie Initiatorin des internationalen Symposiums „Wie Architektur sozial denken kann", welches wichtige Impulse für die Entwicklung von Leipzig setzte. Mit dem Ausbau der 20.000 qm großen *HALLE 14* zu einem Kunstraum begleitet und fördert Federkiel seit 2002 die nutzergeprägte Entwicklung des Geländes. So zeigt die *HALLE 14* mittlerweile als unabhängiger Kunstverein internationale Ausstellungen. Mit dem Aufbau einer Bibliothek wurde ein Denkraum geschaffen, mit einem von ortsansässigen Künstler*innen entwickelten Kunstvermittlungsprogramm ein Bildungsraum, mit dem weiteren Ausbau von

Künstlerateliers diverse Produktionsräume. Diese nachhaltige Standortentwicklung war nur möglich durch die Unterstützung von starken Persönlichkeiten wie u. a. den Künstlern Tilo Schulz, Beate Engl, Olaf Nicolai und Benjamin Bergmann – von ihnen finden sich auch Arbeiten im Münchner Stadtraum (s. u.). Auch lernt Schmitz von

WEB
federkiel.org
luitpoldblock.de
INSTAGRAM
@stiftungfederkiel
@luitpoldblock

MITGESTALTEN UND VORANTREIBEN KREATIVER DYNAMIKEN

Architekten wie Kim Wortelkamp, innovativ und auch ökonomisch effizient mit dem Industriedenkmal umzugehen.

Diese Erfahrung bringt Karsten Schmitz 2014 in München mit dem interdisziplinären Projekt „UNDER (DE)CONSTRUCTION" als Teil des angestrebten Kreativquartiers mit ein und scheitert erst mal an der Münchner Bürokratie. Um heute ihre Sichtbarkeit in München zu stärken, nutzt die Stiftung Federkiel nun vor allem ihren Standort im *Luitpoldblock*, wo sie 2016–2018 den „Raum für Kunst, Bildung, Ökologie und Genuss" betrieb.

Darüber hinaus engagiert sich Karsten Schmitz intensiv im Bildungsbereich und zeigt sich mitverantwortlich für den Aufbau der integrativen Montessori-Schule Monte Balan sowie der inklusiven Gastronomie BalanDeli in München.

NEVER EVER VON BENJAMIN BERGMANN

Die Installation *Never Ever* von *Benjamin Bergmann* befindet sich in gut 20 Meter Höhe auf dem Dach des ehemaligen Leibniz-Rechenzentrums in der Barer Straße 21. Ein Basketballkorb. Die Installation irritiert. Sie stellt gleichzeitig die Frage nach Fantasie und Wirklichkeit und verwirrt durch ihre Absurdität.

Barer Straße 21
benjaminbergmann.de — @benjamin_bergmann

LENBACHHAUS

Neben dem weltbekannten Blauen Reiter können Besucher*innen hier auch viel zeitgenössische Kunst entdecken. Bevor man eintritt, kann man schon auf dem Dach die Installation „Parafulmine Mobile" von *Olaf Nicolai* sehen – bronzene Blitzableiter, auf Stative montiert. Der Künstler rückt mit seinen Arbeiten eben solche Alltagsgegenstände wieder zurück ins Blickfeld.

Luisenstraße 33
lenbachhaus.de — @lenbachhaus

KUNSTRAUM LOGGIA

Regelmäßig zeigen die jungen Kuratoren Yves-Michele Saß und Stefan Fuchs in der *Loggia* neue zeitgenössische Positionen. Gemeinsam mit der Galerie Sperling entstand Various Others. Das neue Format soll internationale Kunstprojekte und Kollaborationen in Galerien, Off-Spaces und Museen zeigen. Es findet jährlich Mitte September bis Mitte Oktober statt.

Gabelsbergerstraße 26
loggialoggialoggia.com — @loggialoggialoggia

MEMORY LOOPS

Ein virtuelles Denkmal für die Opfer des Nationalsozialismus. Das Audiokunstwerk von *Michaela Melián* umfasst 300 deutsche und 175 englische Aufnahmen, die zum Anhören und kostenlosen Download auf einer virtuellen Stadtkarte hinterlegt sind. Jede Tonspur ist eine Collage aus Stimme(n) und Musik, die thematisch einem Ort innerhalb der ehemaligen „Hauptstadt der Bewegung" zugeordnet ist.

memoryloops.net — michaelamelian.net

MÜNCHNER KUNSTVEREIN

2023 wird der *Münchner Kunstverein* 200 Jahre jung. Die Vorbereitung der Feierlichkeiten übernimmt die junge Direktorin Maurin Dietrich. Schon jetzt kann man im Archiv stöbern, um unter anderem mehr über Otl Aicher und die Gestaltung der Olympischen Spiele 1972 zu erfahren. Das alles in den historischen Arkaden des Hofgartens.

Galeriestraße 4
kunstverein-muenchen.de — @kunstvereinmuenchen

5 WERK 12 IM WERKVIERTEL

Mit dem *Werk 12* haben die niederländischen Architekten MVRDV der Stadt München eine spannende Architektur geschenkt. Offen, verglast, modern. Verfeinert durch die Textarbeit der Münchner Künstler Beate Engl und Christian Engelmann. Mit fünf Meter hohen Buchstaben steht AAHHH, OH und PUH an der Fassade, entlehnt aus deutschen Comics. WOW!

Atelierstraße 1
werksviertel-mitte.de — @werksviertelmitte

ALTER SÜDFRIEDHOF

Beim nördlichen Ausgang am Stephansplatz findet sich die Kunstinstallation „Waterfall" von Tatiana Trouvé. Als kleiner Kontrast bietet sich ein Spaziergang über den verwunschenen *alten Südfriedhof* an. Hier kommt man an den Gräbern bekannter Münchner Persönlichkeiten vorbei: u. a. von Carl Spitzweg, Max von Widnmann, Bildhauer und Akademieprofessor, Friedrich Ludwig von Sckell, der den Englischen Garten schuf, und dem Architekten Leo von Klenze.

Stephansplatz 2

HAUS DER KUNST

Das spannendste und vielfältigste Ausstellungshaus Münchens. Nach dem Besuch empfehle ich die Terrasse zum Englischen Garten. Dort nimmt man einen gemütlichen Drink in der Goldenen Bar und betrachtet zwischen den Säulen die Skulpturen von Ai Weiwei. Anschließend unbedingt die Ausstellungen der Sammlung Götz im ehemaligen Luftschutzbunker darunter ansehen.

Prinzregentenstraße 1
hausderkunst.de — @haus_der_kunst

OHA und Relvãokellermann

DESIGNTOUR MÜNCHEN

In Sachen Designphilosophie und Designpraxis liegen *OHA* und *Relvãokellermann* auf der gleichen Wellenlänge. Deshalb haben die beiden Büros seit einiger Zeit beschlossen, ihre Kräfte zu bündeln und einige Projekte gemeinsam anzugehen, etwa das patentierte Küchensystem J.GAST oder die Innenausstattung des LAB-Showrooms von Seymoure. Uns nehmen die beiden mit auf ihre Designtour.

Das Office Heinzelmann Ayadi, kurz: *OHA*, ist ein in München ansässiges Studio für Produkt- und Möbeldesign, das von Sami Ayadi und Jan Heinzelmann 2018 gegründet wurde. Die beiden lernten sich bei Konstantin Grcic Industrial Design kennen, wo sie mehr als zehn Jahre lang an vielen Projekten gemeinsam arbeiteten – von Industrieprodukten und Möbeln über die Gestaltung von Ausstellungen, Innenräumen und öffentlichen Installationen bis hin zu Galeriearbeiten in limitierter Auflage.

Mit ihrem eigenen Büro verfolgen die beiden einen Designansatz, der stark geprägt ist von ihrem Interesse an zeitgenössischer Designkultur, kombiniert mit einem scharfsinnigen Wissen um handwerkliches Können und der Leidenschaft für neue Technologien und Materialien. Die ersten Projekte des OHA sind ein Beweis für das breite Arbeitsspektrum und wurden bereits mit dem Red Dot und dem German Design Award ausgezeichnet.

Ana Relvão und Gerhardt Kellermann gründeten *Relvãokellermann* im Jahr 2014 in München. Das Studio arbeitet sowohl im Bereich des klassischen Industrie- als auch im Ausstellungsdesign. Gemeinsam mit dem Team des Küchenherstellers Bulthaup entwickelte das Designstudio etwa die Bulthaup Solitäre, die 2014 auf dem Salone

WEB
oha.international
relvaokellermann.com
INSTAGRAM
@officeheinzelmannayadi
@relvaokellermann

DESIGN AUF
GLEICHER WELLENLÄNGE

del Mobile in Mailand vorgestellt wurden. Im Auftrag des Möbelproduzenten COR gestaltete *Relvãokellermann* für das experimentelle Sublabel „COR Lab" das Trenn- und Aufbewahrungselement „Chart". Seit 2017 sind Ana und Gerhardt die Art-Direktoren des Büromöbelherstellers Gumpo, für den sie die Kollektion „Normcore" entwickelt haben. Darüber hinaus zählen u. a. Auerberg, Gaggenau, Griffwerk, Holzrausch, Huawei, L&Z Elements, Samsung und Stylepark zu den Klienten des Studios.

Relvãokellermann wurden bislang u. a. mit dem iF Award, dem German Design Award, dem IDEA in Bronze, dem Stylepark Selected Award und dem Core77 Design Award ausgezeichnet.

KURATOR

OHA & RELVÃOKELLERMANN

NORDEN

1

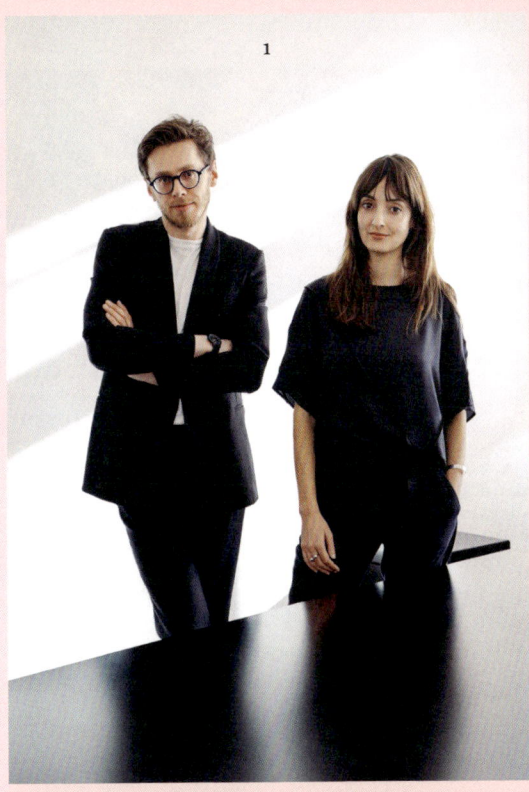

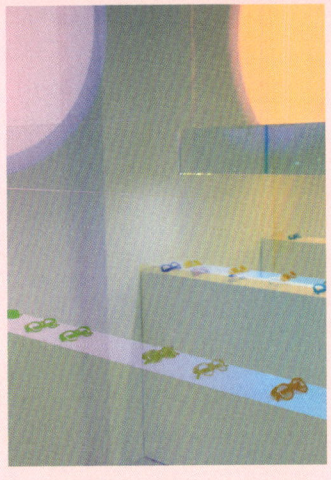

1 — Ana Relvão & Gerhardt Kellermann
2 — Sami Ayadi & Jan Heinzelmann

2

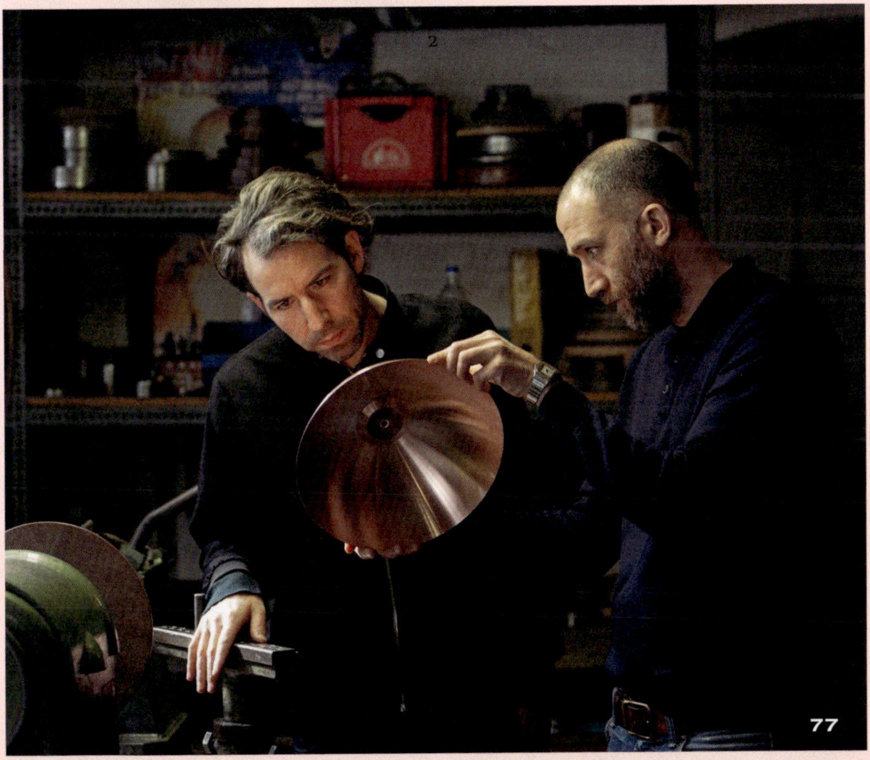

EMPFEHLUNGEN

Für Gäste, die am Flughafen ankommen, empfiehlt sich, gleich die ca. 1.2 km lange LICHTINSTALLATION ‚LIGHTWAY‘ des Lichtdesigners Keith Sonnier anzuschauen. Zu finden auf der Verbindungsebene 03 des Terminals 1.

Zum Oktober 2020 öffnet die ‚Neue Sammlung‘ ihr SCHAUDEPOT für die Öffentlichkeit. In der Nähe befindet sich die sehr gut sortierte BUCHHANDLUNG L. WERNER mit Schwerpunkt auf Design, Architektur und Fotografie. Und dann natürlich noch ein Abstecher zu VITSOE, um alle Originalmöbelentwürfe von Dieter Rams zu sehen.

Orientierung auf dem KUNSTAREAL gibt einem das Leitsystem des israelischen Designers Nitzan Cohen. Wenn man dann vom Kunstareal in Richtung Innenstadt unterwegs ist, sollte man unbedingt in die GALERIE HANDWERK in der Max-Joseph-Straße schauen.

Ganz in der Nähe der GALERIE HANDWERK sollten Uhrenliebhaber bei den Spezialisten für Vintage-Uhren von WORLD OF TIME vorbeischauen. Das Ladendesign ist von Holzrausch, die Vitrinengestaltung von OHA.

Sehenswert ist auch die MAXBURG vom Architekten Sepp Ruf, der auch den Kanzlerpavillon in Bonn gebaut hat. Dort befindet sich das DESIGN LAB von J.Gast, in dem Relväokellermann, OHA und Holzrausch ihr innovatives Küchensystem vorstellen.

Ende Oktober eröffnet LEICA seinen neuen LEICA STORE | GALERIE *(Seite 50)* in der Maffeistraße. Dann gibt es neben dem klassischen Sortiment auch wechselnde Ausstellungen zum Thema Fotografie.

Für Schmuck würden wir die Leser*innen gerne zu PATRIK MUFF *(Seite 24)* schicken. Und wem der Lesestoff ausgeht, der möge doch schnurstracks zu SODA in der Müllerstraße gehen.

Viele Gute Läden, viel Kunst am Bau, die es zu entdecken gilt, und das renommierte AUKTIONSHAUS KARL & FABER – das alles (und noch mehr) findet man im LUITPOLDBLOCK *(Seite 48)*.

Wer etwas mehr Zeit hat, sollte sich eine Führung in der PORZELLAN MANUFAKTUR NYMPHENBURG *(Seite 192)* buchen.

LICHTINSTALLATION LIGHTWAY
Verbindungsebene 03 des Terminals 1
Flughafen München

SCHAUDEPOT
Barer Straße 40
pinakothek-der-moderne.de — @pinakothekdermoderne

VITSOE
Türkenstraße 36
vitsoe.com — @vitsoe

KUNSTAREAL
Brienner Straße
kunstareal.de — @kunstareal

GALERIE HANDWERK
Max-Joseph-Straße 4
hwk-muenchen.de/galerie — @galeriehandwerk

MEERTZ WORLD OF TIME
Prannerstraße 13
worldoftime.de — @worldoftimede

J.GAST IN DER MAXBURG
Pacellistraße 5
jgast.com — @j.gastofficial

LUITPOLDBLOCK
Brienner Straße 11
luitpoldblock.de — @luitpoldblock

PORZELLAN MANUFAKTUR
Nördliches Schlossrondell 8
nymphenburg.com — @porzellanmanufakturnymphen-

Schotten & Hansen

17

ADRESSE Ludwigstraße 8 — **T** 089 287 780 791 0
IG @schottenhansen — **WEB** schotten-hansen.com

Bei *Schotten & Hansen* mit Sitz im oberbayerischen Peiting am Alpenrand lebt man Holz. Das beginnt mit dem Respekt vor dem Rohmaterial, und zwar, wenn der Baum noch Teil des Waldes ist, und hört nicht auf, wenn die Planken gut geölt und perfekt verlegt das Interieur bilden. Bernhard Heinloth, einer der beiden Geschäftsinhaber, weiß genau, wie es geht. Er ist Forstwirt.

Den anderen, Gründer Torben Hansen, kann man getrost als Holz-Professor bezeichnen. Zwei Entwicklungen hat er maßgeblich vorangetrieben: Holz-Pflegeprodukte und eine breite Farbpalette – alles zu 100 Prozent natürlich.

Hölzer werden nicht nur nach allen Regeln der Handwerkskunst bearbeitet, sondern auch mit Harz, Öl und Wachs veredelt. So bleibt der natürliche Werkstoff resistent. Das Resultat: Wohngesundheit, die an den Füßen beginnt. So sind S&H-Böden auch für Badezimmer geeignet.

Aus Pflanzen, Mineralien und Hansen'scher Tüftelei entstand eine fein nuancierte Farbpalette, der Traum eine*r jeden Innenarchitekt*in. Die ‚Shades-of-Brown' lassen sich je nach Designstil entsprechend auswählen. Im Showroom in der Ludwigstraße kann man sich davon ein Bild machen.

Dompierre

ADRESSE Türkenstraße 21 / Schellingstraße 10 / Tengstraße 31
IG @boulangeriedompierre — **WEB** dompierre.de

Wer schon mal in Frankreich in ein ofenfrisches Baguette beißen durfte, weiß, wie wunderbar das ist. Die gute Nachricht für frankophile Münchner: Ihr müsst die Landesgrenzen nicht überqueren. Echtes französisches Baguette gibt's stil- und geschmacksecht bei den inzwischen vier *Dompierre*-Bäckereien.

Und das geht so: Französische Bäcker, französisches Mehl (aus der Nähe von Paris, direkt importiert), nach französischer Methode. Baguette classique, pain Dompierre oder baguette épis kann man morgens ab 7.00 h und auch nachmittags noch frisch kaufen – und muss so auch nicht auf das knusprige Geräusch am Abend verzichten.

Ungeduldige tunken an ein, zwei Tischen ihr Croissant direkt in den ‚Café'. Oder geben sich süßeren Leckereien aus der Patisserie hin. Unser Favorit: l'éclaire au chocolat. Allerdings gilt auch bei *Dompierre*: Was weg ist, ist weg. Kein Vorratsbacken und auch keine Zusatzstoffe. Nur Mehl, Wasser, Hefe, Salz – sonst nichts. Nun ja, Zuneigung und Backwerkskunst natürlich. À la francaise, versteht sich.

L'Atelier Justine Nessi

ADRESSE Türkenstraße 76 — **T** 0176 388 577 32
IG @justinenessi_latelier — **WEB** justinenessi.com

Verschlungene Wege, die im Rückblick doch ziemlich direkt zum Ziel geführt haben. So etwa könnte man den Werdegang von *Justine Nessi* beschreiben. Zunächst studierte sie Design und Innenarchitektur in Paris, arbeitete anschließend zehn Jahre als Architektin. Daneben stellt sie seit 2011 in Galerien ihre Malerei aus und lässt sich später in Italien zur „maroquinière" ausbilden – zu Deutsch: Spezialistin im Verarbeiten von Leder.

Und genau um diesen Stoff dreht sich alles in ihrem *L'Atelier Justine Nessi* in der Türkenstraße. Hauptsujet: die Handtasche als wichtigstes Accessoire der Frau.

Dabei versucht Justine die Stimmung zukünftiger Trägerinnen nachzufühlen, die Tasche soll „sich selbstverständlich anfühlen". Und selbstverständlich gibt es mehrere Stimmungen. Die Formen sind klar und reduziert, die Farben bestens aufeinander abgestimmt. Da alle Taschen speziell handgefertigt werden, sind auch Sonderwünsche machbar.

Wenn Sie also, liebe Leserin, eine Makerin suchen, die nicht nur zuhört, sondern es versteht, künstlerische und modische Elemente handwerklich perfekt in ein Stück Persönlichkeit zu übersetzen: Voilà, ne cherchez pas plus loin!

Die Puppenstube

ADRESSE Luisenstraße 68 — **T** 089 272 326 7

Seit den 1970er-Jahren verkauft, restauriert und repariert Gertraud Stadler in ihrem Laden Puppen – und manchmal auch derangierte Teddybären oder Marionetten. Begonnen hat aber alles mit dem Verkauf von Puppen, die sie selbst in Auftrag gegeben hatte. Alle von Hand gefertigt und bemalt. Die Reparaturen kamen dann bald dazu.

Handwerklich und künstlerisch begabt, brachte sie sich die Fertigkeiten dafür selbst bei. Learning by doing mit Ausdauer, Hingabe und kreativer Improvisation. Die braucht es auch, weil viele Ersatzteile heute einfach nicht mehr verfügbar sind. Aber in Stadlers riesigem Ersatzteilfundus findet sich immer irgend etwas, womit sie die Puppen doch repariert oder restauriert bekommt.

Ihr Beruf ist Berufung und diese Liebe spürt man bei jedem Handgriff, vor allem, wenn sie ein bisschen tüfteln muss. Dabei erzählt jede Puppe auch eine Geschichte, egal, ob sie bereits im Laden ist oder zum Verarzten vorbeigebracht wird. Der emotionale Wert für die Eigentümer übertrifft oft bei Weitem den eigentlichen Wert der Spielzeuge, die alle Kopf, Hände, Arme und – natürlich – einen eigenen Namen haben.

Julius Brantner

ADRESSE Adalbertstraße 25 — **T** 089 877 641 21
IG @juliusbrantner — **WEB** julius-brantner.de

Julius Brantner nimmt sich die Zeit. Nicht für sich, sehr wohl aber für sein Brot. Denn genau das ist es, was der aus dem Schwarzwald stammende Spross einer Bäckerfamilie seinem Brot reichlich gibt. Die 100 % natürlichen Bio-Zutaten, verteilt auf nur drei Brotsorten und zwei Semmeln (Di. – Fr. gibt es zur Abwechslung auch Specials), bekommen die Zeit, die sie brauchen, um so zu einem absolut bekömmlichen Sauerteigbrot gebacken zu werden.

„Echt" ist ein weiterer Begriff, den Julius mit seinem Brothandwerk verkörpert. Der Duft von frisch gebackenem Brot, die Kruste der Semmeln, die Leidenschaft seiner Mitarbeiter. Wer durch die Adalbertstraße wandert, bleibt unweigerlich beim Glaskasten stehen, schaut den Bäckern bei der Arbeit zu. Riecht. Und schmeckt.

„Bio Brothandwerk 25" heißt das Signature-Brot, bestehend aus Weizenvollkorn- und Roggenmehl, Roggenvollkorn und Roggen-Natursauerteig. Ist der Teig angerührt, darf der jedoch erst nach zwei vollen Tagen seinen Gang in den richtig heißen Ofen antreten.

Schon sechs Monate nach Eröffnung erhielt Julius den Titel „Bester Bäcker Münchens" (Leserbefragung des Magazins Falstaff). Mittlerweile wird sein Brot in mehreren Sterne-Restaurants Münchens gereicht.

Echt Jetzt Bäckerei

ADRESSE Barer Straße 48 — T 089 624 231 66
IG @echtjetzt_echtjetzt — WEB echtjetzt-echtjetzt.de

„Und das ist alles glutenfrei? Echt jetzt?" – yes, it's true und darum heißt diese Zuguck-Bäckerei auch genau so. Das Konzept wäre damit schon erklärt. *Echt jetzt*. Echt, weil die Backerei viel tüfteln musste, um ein ehrliches, gesundes und glutenfreies Sortiment zu kreieren – und dabei ein Gespür zu haben, was Münchner mögen. Dann steckt man die Backstube hinter eine Glasfassade, wo man den Bäckern – jetzt – genau auf die Finger schauen kann. Katharina Böttger kennt sich ja mit leidenschaftlichen Projekten bestens aus, sie hat schon ein Stadtteilcafé erfolgreich hochgezogen (Seite 146: Shotgun Sister).

Mit Partnerin Rena Wiese kam erst die Idee. Später, nach unzähligen Versuchen im eigenen Wohnzimmer, entstanden auch wirklich leckere, brauchbare Mutterteige, u. a. aus Reismehl. Schließlich braucht ein Sauerteigbrot die richtige Mutter-Hefe-Kultur – und die ist schon mit konventionellem Mehl nicht gerade einfach.

Doch der Weg hat sich gelohnt: Wer das echt jetzt betritt, merkt sofort, dass hier ein Team mit viel Lust und Überzeugung am Start ist. Der hervorragende Geschmack der Brote spricht für sich.

Werkstatt Höflich

23

ADRESSE Enhuberstraße 6–8 — **T** 089 522 081
WEB werkstatt-hoeflich.de

Die *Werkstatt Höflich* bietet alles rund um das Thema Druck. Obwohl der Hinterhof-Betrieb inmitten der Maxvorstadt ein Kleinbetrieb ist, bietet er dennoch ein stattliches Angebot an Offset-, Digital-, Sieb- und Letterpress-Druck. Auch die Autoren dieses Buchs geben seit Jahren Aufträge in die Werkstatt Höflich. Die Kommunikation ist klar und schnell, die Ergebnisse stets aufsehenerregend, während der Preis nicht für Aufregung sorgt. Ebenso im Angebot: Handbuchbinderei, Rillen, Falzen, Stanzen, Prägen und bunte Farbschnitte – und das alles auch in kleinen Stückzahlen.

Die Werkstatt des Ehepaars Dietz ist für Menschen, die etwas vorhaben. Heiraten zum Beispiel. Man kann die gesamte Hochzeitspapeterie beauftragen. Aber auch das künftige eheliche Zusammenspiel bei einem Letterpress-Kurs in der offenen Werkstatt testen – und anschließend auf die Ergebnisse stolz sein. Wenn Sie, liebe Leserin und lieber Leser, der Werkstatt einen Besuch abstatten wollen, rufen Sie bitte sicherheitshalber vorher an.

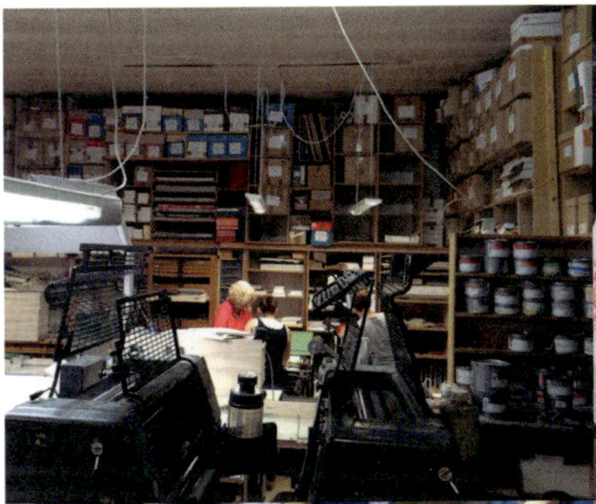

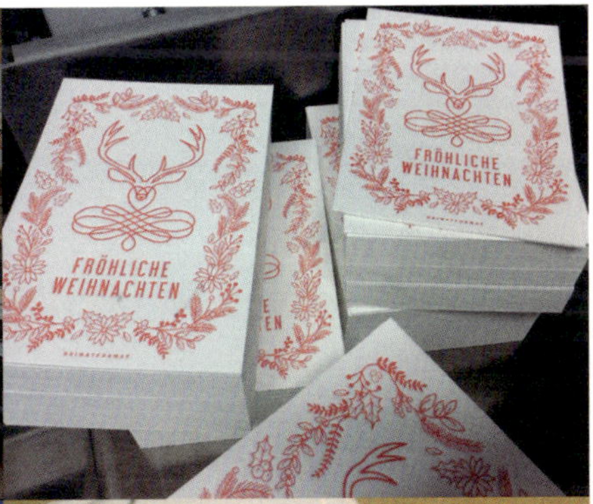

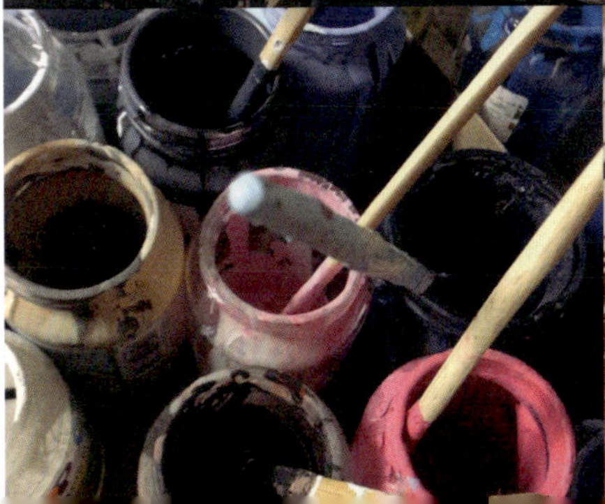

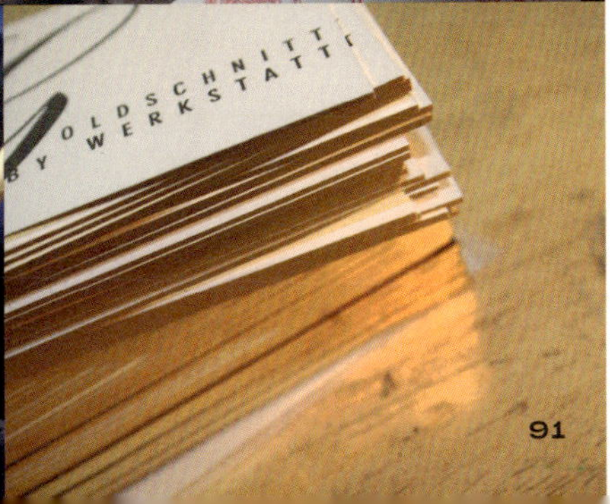

Kunstgießerei München

ADRESSE Schleißheimer Straße 72 — **T** 089 523 333 3
WEB kunstgiesserei-muenchen.com

Straßennamen verraten viel darüber, was im Viertel einst los war. Die Lazarett- oder Infanteriestraße etwa geben Hinweise auf Militärkasernen und etwas südlich davon in der Erzgießereistraße wurde, nun ja, gegossen. Auch die ehemalige Königliche Erzgießerei stand hier, was wenig verwundert, schließlich fanden die Gusserzeugnisse doch vorwiegend beim Militär ihre Abnehmer.

Heute findet man die einzig aktive Gießerei des Viertels, nämlich die von Hasan Gögtepe und seinen beiden Söhnen Aslan und Selim, nur einen Steinwurf weit davon entfernt. Über 100 Jahre alt ist die Kunstgießerei im Hinterhof eines Mietshauses in der Schleißheimer Straße. Über die Wachserei, in der die Gussformen vorbereitet werden, gelangt man in die Gusshalle. Wenn dort der Ofen glüht, um Bronze oder Aluminium zu schmelzen, und dann der Deckel gelupft wird, wirkt es fast so, als stünde man am Eingang zur Unterwelt.

Handwerk und Kunst gehen in der Gießerei Hand in Hand. Der in ewiger Zufriedenheit vor dem Café Münchner Freiheit sitzende Franz Münchinger, pardon, Helmut Fischer, wurde hier gegossen. Sein Freund und Regisseur Helmut Dietl ebenso. Bald werden sie in Schwabing wieder vereint sein.

Noh Nee

ADRESSE Görresstraße 16 — **T** 089 889 812 70
IG @noh_nee — **WEB** nohnee.com

Dirndl à l'Africaine. Das sind traditionelle bayerische Dirndl geschneidert aus farbenprächtigen, afrikanischen Stoffen. Die aus Kamerun stammenden Schwestern Marie Darouiche und Rahmée Wetterich gründeten 2010 das Label *Noh Nee* mit der Idee, folkloristische Elemente ihrer beiden Heimaten zu vereinen. Heute sind die Kollektionen von *Noh Nee* nicht nur ‚Tracht', es ist aber bei einem so interessanten Fusion-Mode-Label müßig zu sagen, wofür die Kleider, Mäntel, Röcke und Westen vorgesehen sind, liegt dies doch immer im Auge des Betrachters beziehungsweise der Kundin. Was *Noh*

Nees Kollektionsteile nicht sind: zurückhaltend und monochrom.

Schon die Mutter der beiden Schwestern ist Schneiderin und Marie erlernte ebenfalls dieses Handwerk. Rahmées beruflicher Hintergrund liegt in der Modebranche und im Interior Design. *Noh Nee* Dirndl werden von Hand, teils in München, teils in Benin, genäht. Dort unterstützen die Schwestern seit 2016 mit dem „Project Justine" lokal junge Menschen, die dort erst das Schneider*innen- Handwerk erlernen und dann dort, auch für *Noh Nee* Benin, produzieren und das Erlernte weitergeben.

Radu Baias

ADRESSE Schleißheimer Straße 23 — **T** 0157 525 785 12
IG @radubaias — **WEB** radubaias.com

Minimalistische Designsprache, pflanzlich gegerbtes Leder, handgefertigt im Münchner Atelier – *Radu Baias* ist ein Label für nachhaltige Leder-Accessoires und fertigt zeitlose Lieblingsstücke für jeden Tag.

Für Gründer *Radu Baias* ist Nachhaltigkeit bei der Herstellung besonders wichtig. Er verzichtet bewusst auf lange Lieferketten, das Leder kommt aus Süddeutschland, Südfrankreich und der Toskana und trägt so zu einem verantwortungsbewussten Konsumverhalten bei. Der Qualität tut das jedoch keinen Abbruch. Im Gegenteil. Seine Bags, Crossbody-Taschen, Geldbeutel & Co.

sollen kurzlebige Trends überdauern und die Käufer*innen über Jahre und Jahrzehnte hinweg begleiten – beides tun sie unserer Meinung nach in jedem Fall.

Der Designansatz ist minimalistisch und funktional. Im Arbeitsprozess bringt Radu zwei Welten zusammen: Die Feintäschnerei als Handwerk und das Produktdesign. Diese Art des Zusammenspiels mit einer gehörigen Portion Raffinesse macht seine Accessoires zu etwas ganz Besonderem. Auch oder gerade weil München schon immer ein gutes Pflaster ist für Design, Handwerk und Kultur, passt seine Marke perfekt zur Stadt.

Spitzbart Treppen

ADRESSE Leopoldstraße 126 — **T** 089 470 774 08
IG @spitzbarttreppen — **WEB** spitzbart.de

Bereits in den 1970er-Jahren begann der mittlerweile in dritter Generation geführte Familienbetrieb Stahl zu biegen. Bis heute ist sein Stammhaus in Oberasbach bei Nürnberg. *Spitzbart Treppen* und Heavy Metal Interior heißen die beiden Labels des Metallbauers. Das Markenzeichen: „ehrliche und unbehandelte" Oberflächen, vorzugsweise aus schwerem Stahl, die durchaus roh, rostig und patiniert sein dürfen.

Heavy Metal Furniture ist die jüngere Entwicklungsreihe der fränkischen Treppen-Spezialisten. Sie besteht aus Tisch und Bank, Bücherregal, Garderobe und einem Rollcontainer. In der Münchner Galerie präsentiert Daniel Spitzbart dazu verschiedene Treppentypen, oder besser: stilgebende Gestaltungselemente. Im Showroom bekommt man einen umfassenden Eindruck der vertikalen Ästhetik einer *Spitzbart Treppe*. Das Sortiment umfasst u. a. einfallsreiche Spindel- und Wendeltreppen, moderne Jugendstil- und Kragarmtreppen bis hin zu Handläufen und Geländern, die mit feinem Leder beschichtet und individualisierbar sind.

So sind *Spitzbart* Stahltreppen die erste Wahl für Wohnungen, die den Charakter ihres Eigentümers unterstreichen sollen und über die Jahre gemeinsam eine individuelle Patina entwickeln dürfen.

97

Ingo Maurer

ADRESSE Kaiserstraße 47 — **T** 089 381 606 0
IG @ingomaurergmbh — **WEB** ingo-maurer.com

Ingo Maurer ist seit über 50 Jahren eines der führenden Unternehmen in der Entwicklung und Produktion von Designleuchten. Und das weltweit. Durch die Realisierung von Gestaltungsaufträgen im privaten wie öffentlichen Bereich hat die familiengeführte Manufaktur gerade auch international Zeichen gesetzt.

Zu den bekanntesten Entwürfen für die Serienproduktion gehören Bulb (1966), das Niederspannungssystem YaYaHo (1984) und die Flügellampe Lucellino (1992). Die Beleuchtung der U-Bahn-Stationen Westfriedhof (1998) und Münchner Freiheit (2009) in München sowie das Pendel Flying to Peace für die Messe Frankfurt (2018) sind nur einige Highlights auf der langen Liste von Auftragsarbeiten und spektakulären Einzelstücken.

Nach dem Tod des Gründers *Ingo Maurer* 2019 führt Tochter Claude, die bereits seit 2011 Geschäftsführerin an seiner Seite war, das Familienunternehmen. In enger Abstimmung mit dem langjährig gewachsenen Team wird sie auch weiterhin an ihrer Spezialität arbeiten: Sonderobjekte und Lichtplanung. Die werden auch künftig mal anregend und angenehm sein, sicherlich auch überraschend und gut.

Dross & Schaffer

ADRESSE Ludwigstraße 6 — T 089 286 680 0
IG @drossundschaffer — WEB dross-schaffer.com

Die Küche gilt seit jeher als Raum voller Leidenschaft. Wie gut, dass *Dross & Schaffer* diesen dazu mit viel Sinn für Ästhetik befüllt. Das ist wichtig, schließlich ist die Küche ein Wohlfühlort, hier kommen wir runter, hier dürfen wir sein. Ein Ort voller Erinnerungen, Emotionen und echter Beziehungen. Genau dafür zeigen sich *Dross & Schaffer* verantwortlich, in Tradition und Anspruch vereint, um luxuriöse, markenunabhängige Küchen zu planen und zu bauen.

Weil jeder Koch so eigen ist wie die Inneneinrichtung, liegt auf der persönlichen Anpassung das größte Augenmerk. Die Innenarchitekten konzipieren die Küchenräume anhand von Persönlichkeit, Wohnsituation und Raumumgebung, wo jeder Winkel und jeder Lichteinfall einbezogen wird. Neben der Optik spielt die Haptik eine wichtige Rolle. Den Materialien sind dabei keine Grenzen gesetzt. Arbeitsplatten aus Vulkangestein, Griffelemente aus gegerbtem Leder, typische Pariser Metrofliesen – es gibt nichts, was es nicht gibt.

Über die Jahrzehnte sind so schon viele ungewöhnliche Küchenunikate entstanden, die ganz nebenbei den Ruf der *Dross & Schaffer*-Gruppe als kleine, gehobene Küchenmanufaktur gefestigt haben. So ist die Küche immer auch Aushängeschild für die eigene Persönlichkeit.

Koton

ADRESSE Barer Straße 38 — **T** 089 954 404 04
IG @kotondesign — **WEB** koton.de

Ewgenji Koton hat nicht nur diesen besonderen Blick für Einrichtungsgegenstände, sondern auch ein Faible für Design und Ästhetik. Deshalb stöbern Kund*innen in seinem Laden im Museumsviertel durch aktuelle Kollektionen von ClassiCon, Verpan, Knoll, Vitra, Muuto und einigen mehr. Aber eben auch durch eine sehr sorgfältig zusammengetragene Auswahl an Vintage-Möbeln. Dabei entsteht eine erfrischende Balance aus Inspiration und Praktikabilität, sodass man seinem nächsten Lieblingsmöbel oder Lieblingsleuchte ein gutes Stück näher kommen dürfte. Empfehlung? Bitteschön. Die Akari Light Sculp-

tures von Isamu Noguchi, ein Entwurf von 1951, die in Japan aus Washi-Papier handgefertigt werden.

Wie man die Klassiker von etwa Vitra, Artek und Knoll am besten kombiniert oder zu bestehenden Möbeln ergänzt, weiß Koton ebenfalls. Das Team berät so individuell wie fundiert, damit man am neu gekauften Interieur auch zu Hause noch lange Zeit Freude hat.

Gleich nebenan hat *Koton* in Kooperation mit dem dänischen Möbelhersteller Muuto im September 2020 ein Bistro eröffnet. Neben den Designideen von Muuto gibt es dort asiatische Bowls. Gedämpft, gesund und köstlich.

21 TABAK SOMMER

Tabak und Spirituosen

Bei *Tabak Sommer* erhöht man das Rauchen edler
Tabake nicht zum Premium-Erlebnis, sondern berät ganz einfach Kund*innen mit jedem Anspruch
und Geldbeutel. Der sympathische kleine Laden in
der *Türkenstraße 43* ist deshalb erste Anlaufstelle
für Zigarren- und Pfeifenfreunde und die, die es
werden wollen. Im großen Geschäft in der *Landsberger 139* (Parkplätze) gibt es, nun ja, ein noch brei-
teres Sortiment. Eine handverlesene Auswahl Rum
und Whisky (auch schwedischem!) komplettiert
die Genuss-Palette.

Türkenstraße 43   tabak-sommer.de
089 283 421   facebook.com/tabaksommer

20 SUCKFÜLL

Münchens Werkzeugkiste

„Der Suckfüll, der hod ois, wos ma' braucht!" Das
Traditionsgeschäft in der *Türkenstraße* ist seit über
80 Jahren Kaufhaus und Baumarkt in einem. Für
jedes handwerkliche Vorhaben gibt es hier, genau,
alles. Egal, ob Renovierung oder Reparatur, Profi
oder Hobby-Handwerker: Das Sortiment basiert auf
jahrzehntelanger Erfahrung, was der Münchner
eben so braucht. Um immer das Richtige mit nach
Hause zu nehmen, hilft das freundliche und
kompetente Personal. *Suckfüll, dann klappt's!*

Türkenstraße 31   suckfuell.de
089 286 610 0   @beschlag31

Funk Optik

ADRESSE Schellingstraße 18 — **T** 089 287 799 99
IG @funkoptikstores — **WEB** funkoptik.com

Der *Funk Optik Store* in der *Schellingstraße* verkauft ausschließlich Brillengestelle der Marken Sashee Schuster, *Dieter Funk* und Funk Food. Alle drei werden im oberbayerischen Kinsau designt, die beiden erstgenannten dort auch von Hand gefertigt. Jedes einzelne.

Seit 30 Jahren bietet *Funk Optik* fast jedem Brillenträger-Typ ein individuelles Design. Heute ist das Sortiment vor allem auf optische Brillen ausgelegt. Sashee Schuster, nicht nur Marke, sondern auch Ehefrau von Firmengründer *Dieter Funk*, schafft eher die femininen, verspielten Modelle – mal als Understatement, mal als großer Auftritt – und verarbeitet dabei vor allem natürliche Materialien. Dieter Funk ist für das männliche Design verantwortlich, von „raw" bis zeitlos, von retro bis future. Mit *Funk* Food gesellt sich noch eine „lautere" Brillenkollektion dazu. Allen gemein: höchste Qualitätsansprüche, Nachhaltigkeit und Transparenz – so werden hochwertige und ungemein ehrliche Brillen kreiert.

Wer sich anschauen möchte, wo und wie seine Brille gemacht wird, kann in Kinsau an einer Manufaktur-Führung teilnehmen.

23 LOST WEEKEND

Gut für Körper und Geist

Das *Lost Weekend* ist ein Tausendsassa. Buchhandlung, Co-Working-Space, veganer Coffeeshop und ein Ort für Kulturveranstaltungen – etwa eine offene Bühne für Lesungen, Jamsessions, Filmvorführungen oder politische Vorträge. Die Bücher und Magazine aus den Bereichen Philosophie, Politik und Wirtschaft, Reportagen sowie zeitgenössische Romane sind aktuell und sehr politisch. Weniger verfänglich, dafür umso leckerer ist das Umfeld der Espressomaschine. Kuchen, Sandwiches, Bowls – und natürlich Kaffee in allen Varianten.

Schellingstraße 3   lostweekend.de
089 287 018 81   @lostweekendmunich

25 BERTRAND BERUFSKLEIDUNG

Working man's blues

Ein Münchner Unikat. 1931 gegründet, aber nach wie vor kein Mode-Laden. Dennoch findet bei *Bertrand Berufskleidung* in Schwabing jedes Gesäß seine passende 501. Dazu echte Workwear für Köche, medizinische Berufe, Handwerker. Von der Oberbekleidung bis zum Sicherheitsschuh. Für Denim-Fans, Biker oder Menschen, die auf solide Berufskleidung Wert legen. Einmal die Woche wird der Laden zum Proberaum der Blues-Band Spooky Blue, deren Leadsänger *Alexander Bertrand* ist. Unbedingt hingehen (wenn es wieder geht).

Hohenzollernstraße 19   bertrand-berufskleidung.com
089 331 105

Juscomte

ADRESSE Nordendstraße 36 — **T** 0171 323 020 0
IG @juscomte — **WEB** juscomte.de

Nicht besonders viel, sondern viel Besonderes. Nach dieser Maxime stellt *JusComte* seit nunmehr 14 Jahren ein kleines, aber einzigartiges Sortiment rund um Gewürze, Feinkost und Delikatessen zusammen. Ein Highlight: die hochgelobte Kalbsjus, dunkel oder hell. Ein Gedicht. Aber auch verschiedene Gewürze und Salze, die man nicht überall findet – Kampot-Pfeffer etwa oder Pazifiksalz aus Hawaii.

Ergänzt wird das eigene JusComte-Sortiment durch eine Auswahl handverlesener Gourmetperlen. Die einzigartige Pasta der Famiglia Martelli aus Pisa etwa, hervorragendes Fleisch von Otto Gourmet oder Kaffee der traditionsreichen Familie Nannini aus Siena. Neben Delikatessen und wunderbaren Weinen finden sich in der *JusComte-Boutique* aber auch ungewöhnliche Geschenke und seltene Accessoires. Beispielsweise eine 150 Jahre alten wade-Fischkaraffe aus England oder Jacksons-Jutetaschen.

Ein Stück Gourmetwelt zu Gast bei Sandra Spott. Mitten in Schwabing, mit viel Persönlichkeit und noch mehr Liebe zu ihren Produkten.

Schuhklassiker

Lederschuhe, rahmen- oder zwiegenäht, nach ökologischen Prinzipien in kleinen Familienbetrieben
von Hand genäht – genau das bekommt man im
Laden von *Halfs* seit nunmehr über 20 Jahren. Und,
natürlich, den Haferlschuh. Er war abgewandelt
Namensgeber und ist seitdem auch Markenzeichen
für Schuhdesign, das alpenländische Authentizität
und zeitgemäße Ästhetik zusammenbringt.

Vollnarbiges hochwertiges Leder, eine Brand-
sohle und circa 200 Arbeitsschritte sorgen für
Atmungsaktivität und einen Tragekomfort, der
mit zunehmender Laufleistung bei entsprechender
Pflege immer besser wird. *Halfs*-Herren- und -Da-
menschuhe sind zudem ein Leben lang reparierbar.

Feilitzschstraße 35   halfs.de
089 244 017 70   @halfsmunich

TIPP

AUSSICHTEN

Manchmal möchte man hoch hinauf, um einfach nur zu schauen. Die folgenden Aussichten
empfehlen wir, wenn die Stadt zu eng wird,
der Beton zu heiß oder der Föhn Bergblick
verspricht.

OLYMPIABERG
Entstanden aus den Trümmern des Krieges ist er heute
ein beliebter Aussichtspunkt. Manch Jogger nennt ihn
Mountain of Death, da man beim Bergaufrennen ziemlich
genau bemessen kann, wie der Stand der individuellen
Fitness gerade ist.

VORHOELZER FORUM
TU München, Arcisstraße 21, Maxvorstadt
Es ist erst mal nicht ganz klar, wie man da hoch kommt,
in den 5. Stock auf das Dach der TU. Aber andere schaffen es ja auch. Oben bietet sich eine fantastische Sicht
auf die Stadtteile und eine Basics-Bar.

ALTER PETER
Rindermarkt 1, München Mitte
Aussichtsplattform auf Sankt Peter. 300 Treppenstufen.
Eintritt € 3.

GROSSHESSELOHER BRÜCKE
Pullach im Isartal
Oben fährt die BOB, darunter Radfahrer und Fußgänger.
Von der Brücke, die Solln mit Harlaching oder für
Biergarten-Fans: die Waldwirtschaft mit der Menter-
schwaige verbindet, sieht man von hier der Isar grüne
Ufer zu beiden Seiten und man hört wieder die typische
Feststellung, „wie grün München doch ist".

Boxwerk

ADRESSE Schwindstraße 5 — **T** 089 125 096 543
IG @boxwerk — **WEB** boxwerk.de

Faustschmiede nennt *Nick Trachte* sein *Boxwerk* in der Maxvorstadt. Handarbeit im ganz engen Wortsinn also, wobei Sportliches immer im Vordergrund steht und nicht der Kampf. Dafür wird hart, aber fair trainiert.

Boxen ist sehr komplex. Jeder, der schon mal auf einen Sandsack eingeschlagen hat, weiß das. Dabei nur auf die Physis zu schauen, wäre jedoch zu einfach. Technisches Können, Taktik, Kondition und Psyche sind die vier Säulen, auf die es ankommt, und genau diese Fertigkeiten werden in Nicks Halle vermittelt.

Nebenbei lernt man auch noch ein bisschen Physik. Newton etwa, $F = ma$. Konkret: Kraft gleich Masse mal Beschleunigung. Überträger der Körpermasse sind die Arme, beschleunigt ergeben sie die Schlagkraft. Dabei beginnt alles mit Beinarbeit und dem ewigen Zusammenspiel von Stabilität und Beweglichkeit. Und am Ende kommt der Kopf. Denn im *Boxwerk* lernt man nicht nur über körperliche, sondern auch mentale Grenzen zu gehen. Muhammad Ali hat es vorgemacht: *„Float like a butterfly, sting like a beee."* So könnte es aussehen. Klingt schwierig, ist es auch. Da bleibt einem nur, selbst die Handschuhe zu schnüren und die Fäuste fliegen zu lassen.

12 PIZZERIA GEGENÜBER

Pizza-Gold

Das „Gegenüber" liegt genau auf der anderen Straßenseite der *Barer Straße* gegenüber vom *Café Barer61*. Beides gehört den *Berisha-Brüdern* und zeichnet sich durch seine studentisch-freundliche Atmosphäre aus. Im *Gegenüber* gibt es sicher eine der besten Pizzen der Stadt. Das bis um 22.00 h geöffnete Lokal bietet neben frisch gepressten Säften frische Bowls, Pizza und getoastete Piadina. Das seit 2007 existierende *Barer61* (in dem man auch die Pizza von gegenüber bestellen kann) erscheint im Winter nach Renovierung im neuen Glanz.

Barer Straße 80   barer61.de
089 726 336 17   facebook.com/barer61

10 ARTE IN TAVOLA

Lieblingsitaliener

Das *Arte in Tavola* ist ein kleiner, typischer Italiener. Die Pasta handgemacht, die Weinauswahl nicht übertrieben – und schon kommt die feine Nase von *Antonio „Toni" Toteda* ins Spiel. Der gelernte Sommelier mag Weine mit wenig Säure und ohne Bitterstoffe, dafür duftend. Bei Fleisch und Fisch ist das Gastgeberpaar Daniela und Toni ebenfalls wählerisch. Steak ist Angus. Leber vom bayerischen Milchkalb. Thunfisch: nur Sashimi-Qualität. Gezüchteten Fisch kann Toni riechen – darum sind Fische hier immer Wildfang.

Schellingstraße 51   arteintavola.de
089 285 136   @arteintavola

Kushi-Tei

ADRESSE Arcisstraße 39 — **T** 089 273 742 74
IG @kushitei_muenchen — **WEB** kushitei.de

An der Ecke Arcis- und Schellingstraße findet man schon seit vielen Jahren das kleine, fast unscheinbar wirkende japanische Restaurant *Kushi-Tei*. Dass hier viele japanische Gästen kommen, zeigt, so sagt man, dass die Küche besonders heimattreu ist. Und lecker. Die Speisekarte von Inhaber und Chef *Kazuyuku Shimada*, genannt „Mario", zeigt einen recht umfangreichen Querschnitt durch die japanische Küche: Tempura (in Teig frittiert), Teriyaki (mariniert und gegrillt), Sushi, Dons (Reis mit Beilage), Takoyaki (Teigkugeln mit Oktopus) – es grenzt schon an ein kleines Wunder, dass so viele Köstlichkeiten derart perfekt auf den Tellern landen.

In Japan hätte man für fast jedes seiner Gerichte ein eigenständiges Lokal aufsuchen müssen. Genau diese Vielfalt an einem Ort mach das *Kushi-Tei* zu einem so attraktiven Spot. Unser Tipp: das unvergleichlich knusprige Karaage (frittierte Hühnerteile), die herrlich fettige Kawa (gegrillte Hühnerhaut) oder der Streetfood-Klassiker Takoyaki mit Bonito-Flocken. Eröffnen oder abrunden kann man das Ganze mit Whisky des Hauses Suntory: The Hakushu, the Yamazaki und the Hibiki sind in verschiedenen Reifegraden erhältlich.

Le Refuge

ADRESSE Neureutherstraße 8 — **T** 089 200 611 10
IG @lerefugecuisine — **WEB** le-refuge.de

Es ist das französische, genauer: provenzalische, Restaurant für Südfrankreich-Fans: unprätentiös, hell und rustikal, à la française. Holztische drinnen und im Sommer draußen, Leinenservietten und frische Blumen auf den Tischen, und nebenbei liegt das *Le Refuge* an der relativ ruhigen *Ecke Neureuther Straße/ Schraudolphstraße*. Das Preis-Leistungs-Verhältnis darf man als sehr ausgewogen bezeichnen, ganz besonders mit Blick auf die feine Weinkarte.

Serviert wird feine bis ländliche Cuisine, wobei Gastgeber Guy Ody sehr großen Wert auf die Qualität seiner Zutaten und eine wechselnde Karte legt. Wochentage werden so schnell zu Spezialitätentagen. Freitags etwa sollte man La Bouillabaisse bestellen, die gibt es nur an diesem Wochentag. Dazu ausgesuchte französische Weine, und das Wochenende kann gemütlich eingeläutet werden, ehe man sonntags mit einem Wiedersehen bei Schmorbraten La Daube à la Provençale liebäugelt. Köstlich.

Der Service ist professionell und selbstbewusst, nie kumpelhaft; Speisen, Getränke, Ambiente und die Lage machen das *Le Refuge*, „die Zuflucht", zu genau dem, was der Name verspricht.

Sclupet

ADRESSE Clemensstraße 15 — **T** 089 552 846 20
IG @sclupet — **WEB** sclupet.com

Die Legende geht so: Da ist dieses kleine Restaurant-Café im Herzen Schwabings, in der *Clemensstraße* dessen Besitzerin alle Zutaten höchstpersönlich importiert, die da auf den Tisch kommen. Aus Bormio, ihrer Heimat am oberen Ende des Valtellina. Die Legende ist gelebte Heimatliebe und Leidenschaft – und absolut wahr. *Michela Vincenzi* bringt Käse, Butter, Schinken, Honig, Bresaola und Wein selbst aus der Lombardei und, sofern befahrbar, nimmt sie die 82 spektakulären Kehren des Stilfser Jochs. Was die herzliche Gastgeberin dann im *Sclupet* daraus macht, ist nicht weniger spektakulär und, ganz wichtig, äußerst lecker – Alpine Comfort Food eben.

Es mag kein leichtes Sommer-Essen sein, aber ihre „Pizzoccheri valtellinesi" sind so etwas wie das Aushängeschild – und zum Niederknien. Dass die Wirtin einen Käseteller serviert, bei dem sie sämtliche Namen der Kühe nennen kann, die dafür gemolken wurden, dürfte einzigartig sein. So ist das *Sclupet* der perfekte Ort für Italien-Liebhaber, die noch weiße Flecken auf ihrer kulinarischen Landkarte haben – und diese dringend schließen wollen.

14 FREEBIRD

Fly high

Hinein ins fremde Wohnzimmer, zwischen Flower-Power-Tapeten am Gin & Tonic nippen, innehalten und angenehmem Classic Rock lauschen.

Im *Freebird* geht das alles so wunderbar stimmig zusammen. Im Winter wärmt der Kamin im Rücken und im Sommer kann man auf der kleinen Terrasse draußen der Sonne beim Untergehen zuschauen.

Wenn dann Ruhe einkehrt und tiefgründige Gespräche mal Pause haben, liefert die übersichtliche Speisekarte verlässliche – und vor allem leckere – Grundlagen für die anstehende Nacht. Eine kleine Flucht aus dem Alltag. Mitten in München. *Cause I'm as free as a bird now.*

Nordendstraße 12   freebird-munich.com
089 273 745 20   @freebirdmunich

13 GARTENSALON

Wie zu Hause, nur anders

Unprätentiös und gesund: Seit über zehn Jahren verwöhnen *Ines Stöhr* und *Susanne Pirklbauer* die Gäste in ihrem *Gartensalon*. Mit Frühstück, Pausenbroten, Salaten, Tartes, Kuchen und Kaffee – wenn Petrus mitspielt, auch mit strahlendem Sonnenschein. Kuchen und Tartes, darunter auch vegane Varianten, können vorbestellt werden. Ein perfekter Ort, um sich mit Freunden auf einen Ratsch zu treffen.

Türkenstraße 90   gartensalon.net
089 287 786 04   @gartensalon

(TIPP)

PROGRAMMKINOS

Es gibt sie noch, die Tacco-und-Cheese-Soßen-freien Kinos, die entweder so eingerichtet sind, wie Kino früher war – oder wie man es sich immer gewünscht hat: in loungigen Sofas hängend mit an den Platz servierten Getränken. Die Auswahl der Filme ist hier weniger mainstream und nie blockbustig, die Schlange an der Kasse kürzer und alles in allem ist es lauschiger, mit seinem Date hierhin zu gehen, als in ein Megakino einer großen Kette.

METROPOL
Schleißheimer Straße 127

NEUES ROTTMANN KINO
Rottmannstraße 15

ARRI
Türkenstraße 91

KINO STUDIO ISABELLA
Neureutherstraße 29

ARENA
Hans-Sachs-Straße 7

CITY/ATELIER
Sonnenstraße 12a

MUSEUM LICHTSPIELE
Lilienstraße 2

CINEMA FILMTHEATER
Nymphenburger Straße 31

OSTEN

Helle, aufgehende und erloschene Sterne: Rechts der Isar öffnen sich die Tore zum Münchner Osten. Die *Au* mit der charmanten *Auer Dult*. *Haidhausen*, das ehemalige Tagelöhner- und Handwerkerviertel und *Giesing*, wo einst Franz Beckenbauer auf der Straße im Winter Eishockey spielte. Die beiden Profi-Fußballclubs haben hier ihre Vereinsheime, Siemens und Bosch setzen immer noch tausende Pendler in Bewegung, während Agfa und Pfanni ihre Pforten längst geschlossen haben. Das Gelände der ehemaligen Knödelmehl-Mühle heißt heute *Werksviertel* und ist Sitz zahlreicher Start-ups. Hinter dem Süddeutsche Verlag und seiner Druckerei schließt sich die alte Trabrennbahn mit den überdachten Trödelmärkten an. Ehe die Messe am alten Flughafen *Riem* allmählich den Stadtrand bildet.

MÜNCHEN OSTEN

VIEL ZU ENTDECKEN
RECHTS DER ISAR

MAKER

29 Anton Doll
Holzmanufaktur
Lilienstraße 3-5

30 Katharina Starzer
Geigenbau
Kellerstraße 19

31 Aqua Monaco /
Good Monaco
Breisacher Straße 3

32 Handsatzwerkstatt
Fliegenkopf
Wörthstraße 42

33 Bea Bühler
Entenbachstraße 47

34 Günstling
Claude-Lorrain-Straße 23

35 Vanook
Agilolfingerplatz 5

36 Stahl Radikal
Hellabrunnerstraße 30

37 updn Leathergoods
Kastanienstraße 13

38 Zimtschneckenfabrik
Chiemgaustraße 81

HÄNDLER

27 Maisons Design Galerie
Ismaninger Straße 1

28 Hier Store
Innere Wiener Straße 24

29 Hand.Werk.Kunst.
Untere Weidenstraße 12

30 Bici Bavarese
Pariser Straße 36

31 Dictum
Haager Straße 9

32 Walter & Sohn
Weinhandlung
Karlsburger Straße 63

33 ClassiCon
Sigmund-Riefler-Bogen 3

34 Silberfabrik
Elsässer Straße 19

GASTGEBER

18 Mai Garten
Ohlmüllerstraße 24

19 La Fattoria
Schlotthauerstraße 16

20 Gabelspiel
Zehentbauernstraße 20

21 Shotgun Sister Coffeebar
Deisenhofener Straße 40

22 Der Sizilianer Trinacria
Balanstraße 25

Sonja Pham

AM PULS DER STADT

Die Münchner Journalistin Sonja Pham schreibt. Etwa für das Magazin *novum World of Graphic Design*, das *Superpaper*, aber auch für *Vice* und das *Nomad Magazin*. In manchem Impressi steht sie noch unter ihrem Geburtsnamen Steppan. Hier nimmt uns Frau Pham mit auf ihre Design-Inspiration, einmal quer durch München.

Sonja hat ein Gespür für Design, Gestaltung und Gastronomie. Wohl deshalb fühlt sie sich zu kreativen Menschen hingezogen,

WEB
sonjapham.com
INSTAGRAM
@phamsonja

SONJA HAT EIN GESPÜR FÜR DESIGN, GESTALTUNG UND GASTRONOMIE

deren Geschichten oder Projekte sie für Print- oder Online-Redaktionen in Text und Bild erzählt.

Ist Schreiben vor allem aus beruflicher Sicht das, womit sie sich am liebsten beschäftigt, gilt ihre andere Leidenschaft dem Kochen. Schon mit 15 Jahren stand Sonja das erste Mal in einer professionellen Küche und

hat sich autodidaktisch von Posten zu Posten vorgearbeitet. Dank der vietnamesischen Wurzeln ihres Lebenspartners war *Südostasien* auf einmal auch „nahe liegend". So wird der jährliche Familienbesuch in *Saigon* immer auch für Abstecher in andere asiatische Küchen, pardon, Länder, genutzt.

Zum Jahreswechsel 19/20 stand Japan, und hier insbesondere Tokio, auf dem Programm. Zurück in München, und kulinarisch neu inspiriert, gab ihr *Klaus Stefan Rainer* im *Wabi Sabi* Gelegenheit, im dortigen Küchenteam bei der Zubereitung von köstlichen japanischen Gerichten mitzuwirken.

Autodidaktik ist so etwas wie ihr *Modus Operandi*. Den Weg zum Journalismus hat sie über ein gestalterisches Studium gewählt. Zählt man ihre Zeit in verschiedenen Küchen dazu, kann man fast von einer dualen Ausbildung sprechen. Neben Expertin für Design ist sie so auch zur Kulinarikexpertin geworden.

Der Abwechslung wegen arbeitet Sonja Pham auch für Kunden. So erstellt sie etwa Texte für Websites, die eigentlich Geschichten sind. So wie für *Julius Brantner Brothandwerk (Seite 88)*. Bei solchen Kunden geht die Journalistin Pham tiefer und recherchiert auch bei den Lieferanten des Bäckers, wie der Mehlmühle von *Monika Drax*.

An einem idealen Tag fände man Sonja die Dinge tun, oder besser: die Menschen treffen, deren Locations hier beschrieben sind.

K U R A T O R

S O N J A   P H A M

O S T E N

FARBENPRACHT
TATTOO-STUDIO

Wer mich kennt, weiß, dass ich Illustrationen und Typografie nicht nur auf Papier schätze, sondern auch in Form von Tätowierungen. Das wunderschöne Hinterhofstudio von Farbenpracht erinnert eher an eine Designagentur, außerdem verkaufen die Inhaber schöne Prints, Schmuck, Papeterie und Stationary. Die Berliner *Künstlerin Bowser* hat mir hier mein letztes Tattoo gestochen, einen Hund.

Dreimühlenstraße 33
farbenpracht.net — @farbenprachtmunich

LOTHRINGER13
GALERIE & BUCHLADEN

Im Lothringer 13 mag ich die Ausstellungen, besonders im fotojournalistischen Bereich, wie etwa das *FOTODOKS Festival*. Hier ist es immer recht entspannt, man wird auch gerne mal in Ruhe gelassen. Die Lothringer13 ist eine Kultureinrichtung des Kulturreferats der Landeshauptstadt München. Sie wurde 1980 in der Lothringer Straße 13 unter dem damaligen Namen „Künstlerwerkstatt" gegründet und repräsentiert damit eine sub-kulturelle Oase in dem sonst so durchgestylten Kunst- und Kulturbetrieb der Landeshauptstadt.

Lothringer Straße 13
lothringer13.com — @lothringer13

ROSA KAMMERMEIER
LETTERING ARTIST UND GRAFIKDESIGNERIN

Rosa ist eine unheimlich begabte Lettering Künstlerin. Mit ihren Schriftzügen verschönert sie oft und gerne Schaufenster oder öffentliche Flächen. Dazu behält sie ihr Wissen nicht nur für sich, sondern teilt es mit allen Interessierten in Typografie-Workshops. Ganz nebenbei ist sie auch noch eine begnadete Musikerin. Und das alles: *handmade with love!*

Ringseisstraße 3
rosa-kammermeier.de — @rosa_kammermeier

BAR GARÇON
GASTRONOMIE

Von sich selbst sagt der Betreiber *Mario Messig*: »Ich interessiere mich für Geschmack und Sensorik, für Musik und Atmosphäre, für Ästhetik und Qualität, für Nachhaltigkeit und Gesellschaft.« Sowohl im Bar- als auch Cafébetrieb des Garçon arbeitet er mit handgemachten, erlesenen Produkten, ob Keramik, Tee oder Gebäck. Das Konzept möchte Ruhe spenden und Zeit zum Pausieren geben – ist also das Gegenteil von To Go.

Utzschneiderstraße 4
*bar-garcon.de — @faberbreakfast_*

STEFFI BAUER
ILLUSTRATORIN

Die Illustrations- und Kunstprojekte von Steffi sind stets außergewöhnlich. Sie zeichnet und malt auf Keramik, Fliesen, ausrangierten Hemden und Blusen, Holz, Seide – you name it. Ich kenne kaum jemanden, der sich so für Haptik und Pattern interessiert und Materialien stets in einen neuen Kontext bringt. Das hat ihr viele Kollaborationen in der Münchner Mode- und Interieur-Szene beschert.

Herzogstraße 86
steffibauer.com — @steffibauerillustration

SECOND HAND SPORTS
FAHRRADLADEN

Der Name ist etwas irreführend und wenig sexy, der Laden führt nämlich auch hochwertige Neuware, doch egal ob neu oder Vintage, hier wird an allen möglichen schicken Designfahrrädern geschraubt. Nirgends kann ich so gut denken wie auf meinem *Marin Gestalt 2*. Deswegen gehört mein Fahrrad definitiv zu den »Orten«, die mich am meisten inspirieren und der Fahrradladen zu meinen Empfehlungen.

Nymphenburgerstraße 25
secondhandsports.de — @secondhandsports.de

Anton Doll Holzmanufaktur

ADRESSE Lilienstraße 3-5 — **T** 089 416 163 66
IG @antondollholzmanufaktur — **WEB** antondoll.de

Eiche, massiv. Die *Anton Doll Holzmanufaktur* im Herzen Münchens hat genau das im Sortiment: Tische, Sitzbänke, Hocker, Regale, Schneidebretter. Alles aus Massivholz. In klassischen, traditionellen Formen, die modern interpretiert und umgesetzt werden.

Was die *Anton Doll Holzmanufaktur* jedoch besonders auszeichnet, ist der gewissenhafte Umgang mit dem natürlichen Baumaterial Holz. Für die handgefertigten Serienprodukte werden nur heimische Hölzer verwendet; und die müssen aus verantwortungsbewusster Forstwirtschaft kommen. Bäume benötigen Zeit zum Wachsen, und wer zu junge Bäume fällt, der bekommt weder die entsprechende Länge oder Dicke noch die Qualität für seinen Tisch.

Charakteristisch sind die traditionellen Holzverbindungen. Sie sind sowohl Qualitätsmerkmal als auch Designelement. Dadurch entstehen langlebige und individuelle Möbelstücke. Vom zeitlosen Design können sich Interessierte im Ladengeschäft gerne selbst überzeugen und ihr Lieblingsstück aussuchen. Massiv, versteht sich.

Bea Bühler

ADRESSE Entenbachstraße 47 — **T** 0163 443 618 4
IG @beabuehler — **WEB** beabuehler.com

Frau nehme eine Münchnerin, ein Studium der Innenarchitektur und Produktdesign in Paris, sowie 20 Jahre Leben und Arbeiten in der französischen Hauptstadt – und schon landet man bei *Bea Bühler* und ihrem Lederdesign. Das Besondere: Bea verbindet klare, zeitlose Pariser Eleganz mit deutschem Funktionalismus. Dabei arbeitet sie ausschließlich mit französischem Leder und produziert zu 100 % in Frankreich, hauptsächlich in Paris.

Ihre Kollektionen spiegeln Beas Leidenschaft für Design, Funktionalität und Qualität wider. Die Inspiration für Taschen und Accessoires schöpft sie aus ihrem Alltag und dessen Notwendigkeiten. Dann wird recherchiert, die Idee zur Skizze und schließlich zum Prototypen, ehe Leder und Hardware wie Reißverschlüsse, Ketten und Beschläge ausgewählt werden. Gemeinsam mit der Ledermanufaktur folgt schließlich der kreative Prozess zwischen Entwurf und handwerklichem *„Savoir Faire"*, ehe ihre einzigartigen Designerhandtaschen real werden.

Seit 2019 hat *Bea Bühler* einen eigenen Showroom in der *Münchener Au* eröffnet, wo sie ihre Kollektion präsentiert. Weil sie nicht immer vor Ort sein kann, sollten Besucher*innen sich kurz telefonisch vorher anmelden.

Katharina Starzer Geigenbau

ADRESSE Kellerstraße 19 — **T** 089 219 674 46
IG @katharinastarzer.geigenbau

Der Ton klar und brillant, und dabei mühelos zu erzeugen – das ist *Katharina Starzers* Maxime beim Bau von Geigen. Nach der Ausbildung zur Geigenbauerin schärfte sie ihre handwerklichen Fähigkeiten in verschiedenen Werkstätten, bis sie sich nach erfolgreicher Meisterprüfung in der *Kellerstraße* selbstständig machte. Dort erschafft sie Klang nach allen Regeln der Geigenbaukunst.

Ihre Geigen entstehen nach Vorlagen von Amati, Guarneri und natürlich Antonio Stradivari, aus Ahorn- und Fichtenholz. Das wird in den Wintermonaten bei Neumond geschlagen und kommt nach längerer Lagerung auf Katharinas Werkbank. Dort folgt sie dem Faserverlauf des Holzes, hobelt und sticht, und es entsteht Schritt für Schritt die klanggebende gewölbte Form. Jedes Streichinstrument ist ein Unikat und trägt nach zweimonatiger Herstellungszeit ihre klangliche Handschrift.

In der Werkstatt entstehen Korpus und Zargenkranz, Hals und Schnecke. Der Bassbalken wird eingeleimt, die F-Löcher geschnitten und Griffbrett und Geigensteg werden aufgepasst. Ganz am Schluss wird lackiert. Wenn die Geigensaiten dann zum ersten Mal zum Schwingen gebracht werden, offenbart sich an der Klangfarbe die ganze Virtuosität des Geigenbauhandwerks.

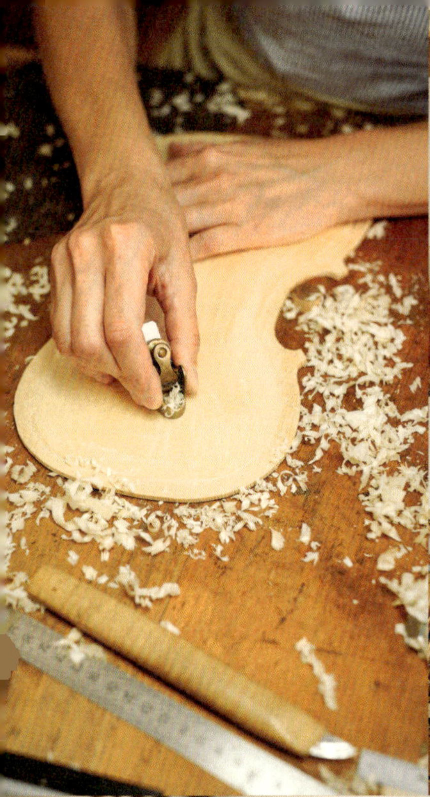

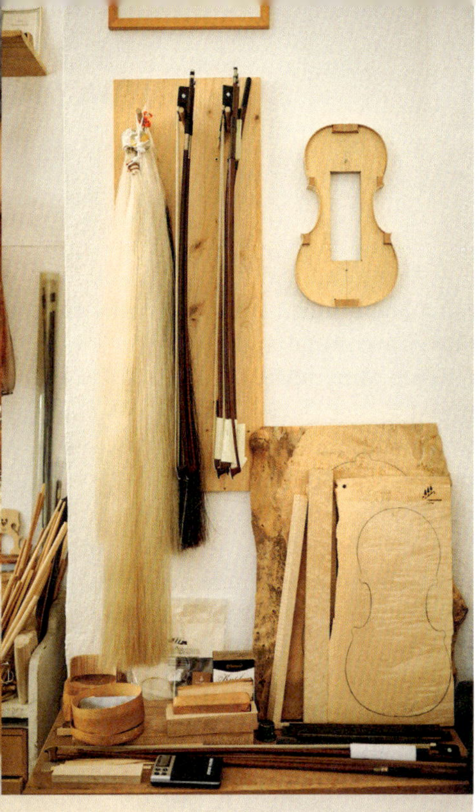

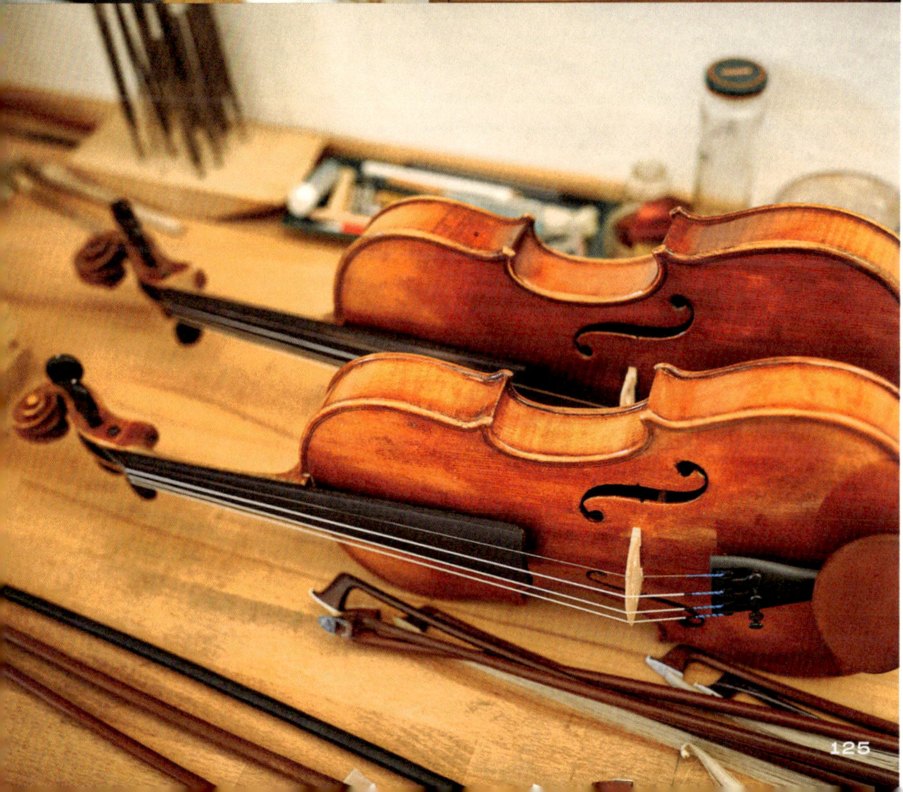

Aqua Monaco

ADRESSE Breisacher Straße 3 — **T** 089 890 836 90
IG @aqua_monaco— **WEB** aquamonaco.com

Aqua Monaco ist Münchens regionale Wassermarke und produziert seit 2011 das lokalste Mineralwasser der Stadt. Was direkt an der Quelle in die Glas-Mehrwegflaschen gefüllt wird, ist Jahrtausende altes, eiszeitliches Tiefenwasser aus der Münchner Schotterebene. Besonders rein, ursprünglich und gerade einmal 20 Kilometer vom Marienplatz entfernt.

Mittlerweile steht *Aqua Monaco* aber für noch viel mehr: Das Sortiment umfasst mehrfach ausgezeichnete Bitter-Limonaden, Bio-Mixer und Zucker reduzierte Bio-Limonaden. Der Anspruch an die Qualität der Inhaltsstoffe und Rezepturen ist hoch. Der Bio-Ingwer etwa aus dem peruanischen Hochland wird mit einem eigenen Pressverfahren weiterverarbeitet. Oder die wildwachsende China-Rinde; geerntet im bolivianischen Urwald und in Deutschland mazeriert – alles in Handarbeit, versteht sich.

Manche Produkte entstehen in Kooperation mit den Besten der Barszene. Wie das extra trockene Tonic Water „Golden Monaco" in Zusammenarbeit mit Klaus Stefan Rainer von der *Goldenen Bar* in München (Seite 20) oder das „Tonic Limmatien" mit Dirk Hany von der Bar am Wasser in Zürich.

GOLDEN MONACO
TONIC WATER
EXTRA DRY
AQ
EXTRA DRY
TONIC
EXTRA DRY

AQUA
MONACO
STILL
PERLEND
AQUA
MONACO
GOOD MONACO
AQ

Good Monaco

ADRESSE Breisacher Straße 3 — **T** 089 890 836 90
IG @aqua_monaco — **WEB** aquamonaco.com

Good Monaco ist eine Initiative der Münchner Getränkemarke *Aqua Monaco*. Seit 2019 werden monatlich drei gemeinnützige Projekte aus den Bereichen Kultur, Soziales und Ökologie unterstützt. Ein besonderer Fokus liegt dabei auf sozial benachteiligten Frauen und Kindern. Ein festes *Good Monaco-Team* kümmert sich um den Kontakt zu bestehenden und zukünftigen Projektpartnern. So entwickelt sich ein Netzwerk aus Menschen jeglicher Herkunft und Beruf. Ein Netzwerk, das für eine bunte Gesellschaft, für Demokratie, Chancengleichheit und einen sorgsamen Umgang mit der Umwelt steht.

Aus vielen Vorhaben, etwa dem *Bellevue di Monaco*, ist ein dauerhafter Austausch und gegenseitige Unterstützung erwachsen. Das *Bellevue di Monaco* ist ein soziales Projekt im Herzen Münchens mit dazugehörigem Café. Hier wohnen und leben unbegleitete junge Geflüchtete; für sie und sozial Benachteiligte gibt es zahlreiche Angebote. Jede verkaufte *Aqua Monaco* Flasche hilft, gemeinnützige Projekte in der Region zu fördern. Das finden wir mehr als unterstützenswert.

Handsatzwerkstatt Fliegenkopf

ADRESSE Wörthstraße 42 — **T** 089 486 667
IG @fliegenkopf.handsatzwerkstatt — **WEB** fliegenkopf-muenchen.de

Christa Schwarztrauber, Schriftsetzer-meisterin, hatte 1976 eine Vision. Gerade wurde in den Druckereien von Blei- auf Fotosatz umgestellt, als sie anfing, Blei- und Holz-Schriften aktiver zu sammeln – immer im festen Glauben diesen charakterstarken Schriften eines Tages ein Denkmal zu setzen. (Die Setzkästen, in denen diese Schrift-Sätze aufbewahrt wurden, waren in den 1980ern häufiger Bestandteil so mancher Wohnungs-dekoration.)

1989 gründete sie schließlich in den Räumen einer ehemaligen Druckerei die *Handsatzwerkstatt Fliegenkopf.* Hier werden Schriften gesetzt und von Hand ge-

druckt. So wurde die Inhaberin nicht nur Sammlerin und Setzerin, sondern gestaltet noch heute feinste Druckerzeugnisse in Kleinst-Serien, zu deren Kauf wir nur raten können. Kulturell wertvoll sind jedoch nicht nur Schwarztraubers Kurse im Handsatz, sondern ihre Schriften liegen inzwischen auch von Hand katalogisiert in zwei vollständigen Schriftmusterbänden vor.

Dabei sind Frau *Schwarztrauber* und ihr Kollege, der sich leidenschaftlich um die Maschinen kümmert, längst Ruheständler. Deshalb: Termine zum Stöbern und Einkauf, sowie für die Kurse bitte unbedingt vorher telefonisch abstimmen.

Günstling

ADRESSE Claude-Lorrain-Straße 23 — **T** 0152 337 634 17
IG @guenstling — **WEB** guenstling-shop.com

Ein gelernter Sattler arbeitet seit seiner Ausbildung im Meisterbetrieb der Familiensattlerei an der Seite seiner Eltern. So weit, so gewöhnlich. Der Handwerks- und Familientradition ist *Michael Mayr*, gebürtiger Münchner, freilich verpflichtet. Allerdings tritt er dann eher in die Fußstapfen der Großeltern. Die haben einst neben der Sattlerei handgefertigte Ledertaschen hergestellt. Mit dem Label *Günstling* erfüllt sich Michael einen Traum. Eine alte Garage in *Untergiesing* wird zur schicken Werkstatt, aus der eigene Lederhandtaschen und Accessoires in Handarbeit entstehen.

Heute arbeitet Michael, ganz traditionsbewusst, an der Seite seiner *Frau Esra*.

Die war es auch, die ihn beim Schritt zum *Günstling* bestärkt hat. Inspiration für ihre Kreationen bekommen die beiden aus dem Alltag. Keine Reizüberflutung, keine Überforderung soll eine *Günstling-Tasche* für die Besitzer sein. Dafür klare Linien, eine schlichte Schnittführung, langlebig und individuell. Die Taschen werden alle nach Kundenwunsch gefertigt, am liebsten im persönlichen Gespräch. So kann ein *Günstling* diesen speziellen Wert entwickeln, eine Tasche, auf die man/frau aufpasst, die einem besonders wichtig ist. Oder einfacher: starke Handwerkskunst in langlebiger Qualität.

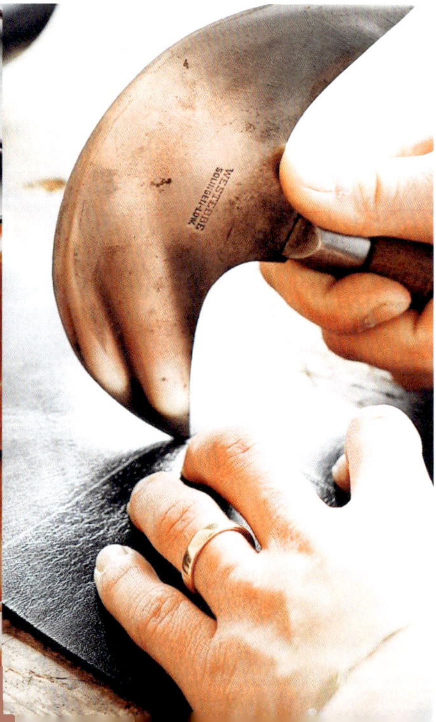

Vanook

ADRESSE Agilolfingerplatz 5 — **T** 089 339 808 24
IG @vanook_products — **WEB** vanook.com

Leidenschaftliche Handarbeit für quali-
tätsbewusste Menschen. So beschreiben
Veronika Wagner und *Svenja Weimann*
ihre Taschenkreationen, die sie unter der
Marke *Vanook* seit 2014 in ihrer Münchner
Werkstatt herstellen.

Dabei ist der Ideenprozess für eine
Tasche ein langer. Er kann Monate dau-
ern, selbst wenn die beiden Schneider-
meisterinnen diesen kreativen Teil ihrer
Arbeit am meisten schätzen. Heraus
kommen puristische Designs mit vielen
durchdachten und äußerst praktischen
Details. Mal wird ein Weekender durch
den Einsatz von Stoffen leichter gemacht,
dann im Rucksack ein Fach für den Lap-
top versteckt oder mit Asymmetrie ge-
spielt, um im Waschbeutel ein bisschen
mehr Platz zu schaffen und ihn dennoch
höchst portabel zu halten.

Nachhaltigkeit ist bei *Vanook* keine
Worthülse. Die Transportwege sind kurz,
die verarbeiteten Materialien hochwertig
und aus der Region. Die Kleinserien für
die designaffinen Kunden*innen sind
nicht nur schön, sondern auch langlebig
und dank zeitlosem Design auch keinen
Trends unterworfen. Wer Lust hat, kann
Taschen gerne Probetragen – und jederzeit
in der Ladenwerkstatt beim Entstehungsprozess zuschauen.

Stahl Radikal

ADRESSE Hellabrunnerstraße 30 — **T** 0170 202 020 5
IG @johannes_leiste — **WEB** stahl-radikal.de

Die Schmiede von *Johannes Leiste* befindet sich in einem Teil eines alten Gewächshauses. Umgenutzt, weil die eigentliche Gärtnerei irgendwann geschlossen wurde. Wiederentdeckt von unterschiedlichen Betrieben, Studios und Ateliers – ein Ort, den man in München für unmöglich hält. Umso faszinierender ist ein Werkstattbesuch. Wo einst Pflanzen wuchsen, findet man heute unterm Glasdach Amboss, Brennofen, Hammer und allerlei Zangen.

Johannes Arbeit ist vielseitig, oft spontan, radikal und poetisch. Die Frage, wo und wie seine Objekte genutzt werden,

beeinflusst ihn stark. Dabei oszillieren die Arbeiten zwischen Einrichtungsgegenständen, funktionellen Stücken, Skulpturen und Installationen. Für die Bar Cucurucu im Münchner Bahnhofsviertel hat er zum Beispiel die Geländer am Eingang gefertigt, sowie die individuellen Tische und Stühle. Bei unserem Besuch arbeitet er gerade (zufällig?) an Gewächsstangen für ein Gemüsebeet. Dabei genießt er sichtlich das Zusammenspiel von künstlerischer Freiheit, handwerklichem Knowhow und der autodidaktischen Herangehensweise auf zunächst unbekanntem Terrain.

Updn Leathergoods

37

ADRESSE Kastanienstraße 13 — **T** 0176 340 344 31
IG @updnleathergoods — **WEB** updn-leathergoods.com

Premium Naturlederwaren, in der eigenen Werkstatt in München hergestellt und veredelt. Darum geht es bei *Updn*. Der Maker hinter der Marke ist *Charles Cox*. Mit seiner Erfahrung als Designer für Männermode sorgt er dafür, dass jedes seiner handgefertigten Produkte einen eigenen Stil bekommt. Authentisch, originell, retro. Weekender und Reisetaschen sowie Accessoires werden mit soliden Messingbeschlägen versehen, exklusive Bänder in Baumwolloptik für Kanten und Trageriemen. Die Taschen sollen lebenslange Begleiter sein.

Dazu verarbeitet Cox nur bestes Leder der Gerberei „David Schmid". Dort durchlaufen süddeutsche und österreichische Häute einen langwierigen natürlichen Färbeprozess – ganz ohne Chemikalien. Sein Canvas entstammt einer alten schottischen Weberei aus dem 18. Jahrhundert, das verwendete Material kommt aus Europa. Nachhaltigkeit und Tradition gehen hier Hand in Hand.

Wenn Sie gerne mit ihren Händen arbeiten, dann melden Sie sich doch bei einem eintägigen Workshop bei *Updn* an. Grundlagen der Lederbearbeitung werden vermittelt und am Ende gibt's den eigenen selbstgefertigten Gürtel mit nach Hause.

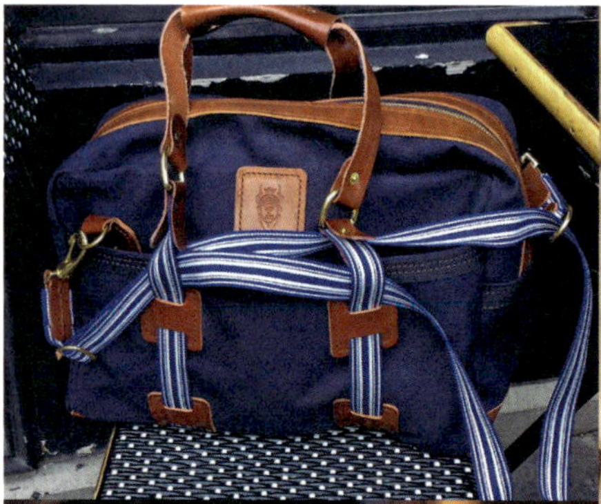

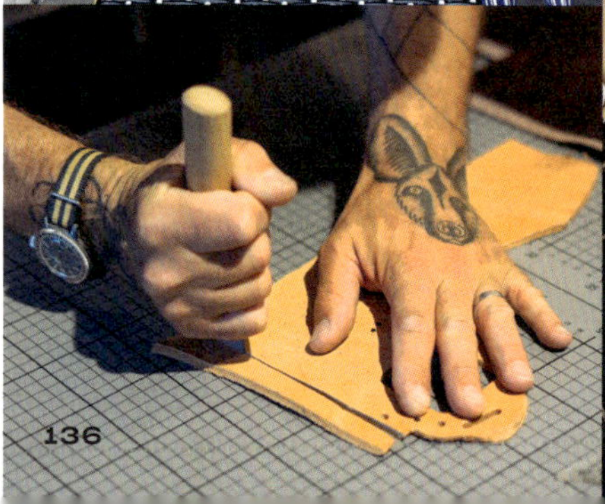

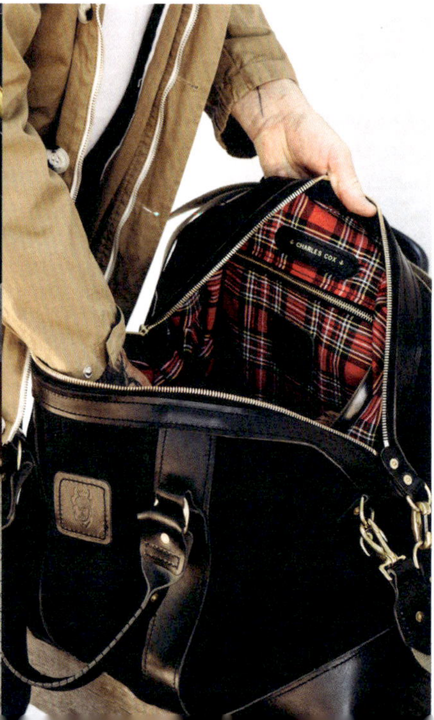

Zimtschneckenfabrik

38

ADRESSE Chiemgaustraße 81 / Frauenstraße 11 — **T** 089 622 422 55
IG @zimtschneckenfabrik — **WEB** zimtschneckenfabrik.de

Der Duft weht einem schon um die Nase, bevor man die Backstube in der *Chiemgaustraße* erreicht hat. Kardamom, Zimt und Hefeteig vereinen sich und verströmen frisch aufgebacken das hinreißende Aroma von Zimtschnecken.

Bis es dazu kommt, wird der Teig zuerst geknetet, dann ausgerollt. Daraufhin mit Butter bestrichen und mit Zucker und Zimt bedeckt. Bevor die Backwaren ruhen und gehen dürfen, werden die Teigbahnen zusammengerollt und in die richtige Größe geschnitten. Gebacken werden die Teiglinge in der offen einsehbaren Backstube dann, wenn sie dafür bereit sind. Das wird von *Alexandra Mahlen*, der Inhaberin der *Zimtschneckenfabrik*, oder einem Mitarbeiter per Daumendruck, Erfahrung und Gefühl geprüft.

Gegründet hat *Alexandra* die Fabrik 2013 zusammen mit ihrem Partner *Peter*. Neben Zimtschnecken werden auch noch der legendäre Käsekuchen nach New Yorker Vorbild, Schoko-Tarte und kleine Törtchen mit saisonalen Früchten hergestellt. Selbstverständlich alles ohne Zusatzstoffe und Backmischungen. Eindecken kann man sich direkt vor Ort. Falls man es mal nicht in die *Zimtschneckenfabrik* schafft, steht das *Cafe Fräulein* in der *Frauenstraße* am *Viktualienmarkt* parat, das gehört zu den Zuckerbäckern aus *Obergiesing*.

30 BICI BAVARESE

Bayerisch-italienische Rennradlkultur

Max, Fabi und *Flo* haben mit *Bici Bavarese* genau den Fahrradladen eröffnet, den Sie sich als leidenschaftliche Rennradler, Schrauber und Sammler immer in München gewünscht haben. Eine Werkstatt, gemütlich und offen und damit ein idealer Ort, um sich neben italienischem Stahl auch über Gott und die Welt auszutauschen.

Dazu eine große Eckbank, Holztische, Stühle - eine wunderbare Mini-Wirtshausatmosphäre. Ob Weißwurst-Frühstück zu Paris-Roubaix, Kaffee und Kuchen zum gedanklichen Traumradbasteln oder eine Halbe in abendlicher Schafkopfrunde: Hier sind alle herzlich willkommen. Seit Neustem übrigens auch im neuen Laden in der *Türkenstraße* in Schwabing.

Pariser Straße 36   bicibavarese.de
Türkenstraße 26   @bicivarese

27 MAISONS DESIGN GALERIE

Farbenfroh Einrichten

Alles neu macht *Maisons*. Nicht nur im Mai, sondern ganzjährig können sich hier Liebhaber*innen von Interior Design inspirieren lassen. Stoffe, Tapeten, Möbel, Beleuchtung und Wohnaccessoires sind im Sortiment. Von etablierten Marken, aber auch von solchen, die man nicht an jeder Ecke findet. Das Maisons-Team um Innenarchitektin *Sibylle Gutgsell* betreut liebevoll, egal, ob man die perfekte Vorhangstange benötigt oder gleich einen kompletten Facelift der eigenen Wohnung vornehmen möchte. *Maisons* macht's möglich.

Ismaninger Straße 1   maisons-muenchen.de
089 982 808 8

Hier Store

ADRESSE Innere Wiener Straße 24 — **T** 089 237 920 39
IG @hier.studio.store — **WEB** hier.studio

Es ist ein besonderer Ort, den *Stephanie Kahnau* mit ihrem *HIER-Store* mitten in *Haidhausen* geschaffen hat. Gemeinsam mit den Optikerinnen Jules & Mel und der Schriftdesignerin Petra Wöhrmann findet man auf über 120 qm den Shop sowie fünf Arbeitsräume, die mal als Atelier, Showroom, Werkstatt oder Büro genutzt werden. Das Sortiment: vor allem „Local Design" – gerne modern und reduziert, gefertigt aus nachhaltiger Produktion. Die Vielfalt ist bei den 30 Labels garantiert, sie kommen aus den verschiedensten Bereichen wie etwa Mode, Produktdesign, Kosmetik, Pflanzen oder Heimtextilien. Die Räumlichkeiten des *HIER* tun ihr übriges. Eine riesige Glasfront, hohe Decken, Betonwände. Kunden*innen können sich hier den Raum für ihre Entdeckungstour nehmen und einen Blick hinter die Kulissen werfen.

Dort befindet sich auch Kahnaus Atelier mit Siebdruckwerkstatt, quasi das Epizentrum ihres eigenen Labels *Stephanie Kahnau*. Ihr Fokus liegt auf der Oberflächenbearbeitung der Textilien durch Siebdruck und verschiedenen Färbetechniken. Alle Kleidungsstücke werden von Hand gefertigt und sind zeitlose Unikate, die keinem saisonalen Rhythmus folgen.

Hand.Werk.Kunst.

29

ADRESSE Untere Weidenstraße 12 — **T** 089 552 686 80
IG @hand.werk.kunst — **WEB** hand-werk-kunst.de

Handwerk, traditionelles noch dazu, ist an sich schon ein eigenständiger Wert. Es zeugt von Respekt vor dem Werkstoff, ein Gespür für das verwendete Material und steht für einen langfristigen Nutzen, für eine Qualität, die bestenfalls auch Generationen überdauern kann.

Das sorgsam zusammengestellte Sortiment in *Daniel Breidts* Laden erfüllt all diese Gesichtspunkte. Die Stücke kommen überwiegend aus Betrieben und Manufakturen im deutschsprachigen Raum – alle in handwerklicher Tradition gefertigt. Dabei müssen sie Breidts hohen Anspruch an modernes Design erfüllen. Und die Geschichte dazu gibt's frei Haus, während man die kleine Ladenfläche erkundet. Hier findet man besondere Einzelstücke, limitierte Auflagen oder kleine Serien, die es oft nur exklusiv bei *Hand.Werk.Kunst* gibt.

Neben handfesten Produkten gibt es auch Trinkfestes. Eine feine Auswahl an Spirituosen, vor allem Gin-Sorten aus kleinen Destillen. Welcher davon den Vorlieben am ehesten entsprechen, lässt man sich von Daniel am besten bei einer Tasse Espresso erklären. Frisch aus der Bella Macchina, die ebenfalls ihren Platz im Laden hat.

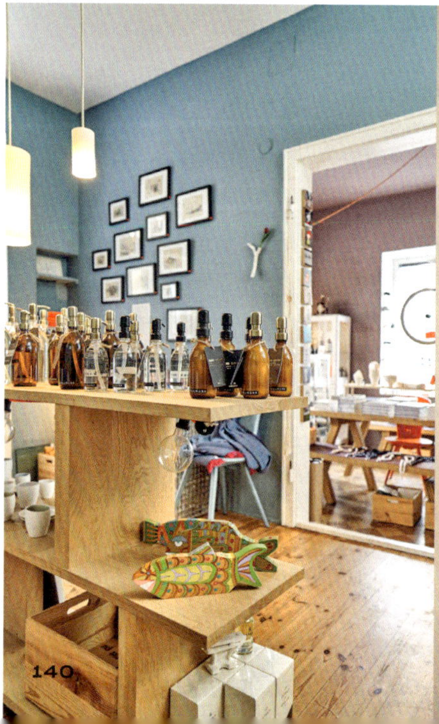

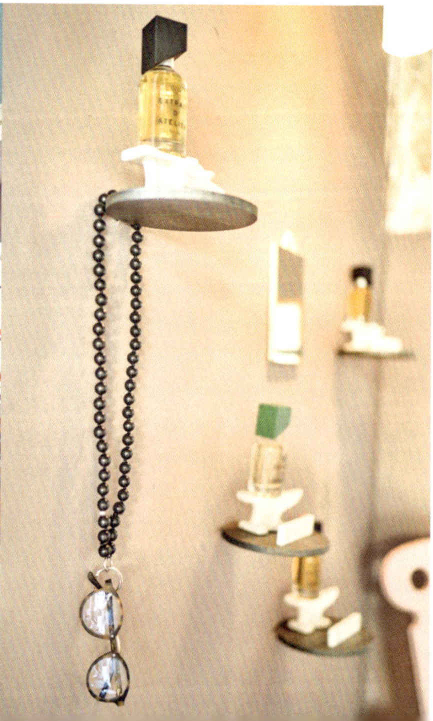

Dictum

ADRESSE Haager Straße 9 — **T** 089 638 908 91
IG @dictum_mehr_als_werkzeug — **WEB** dictum-shop.de

Es sind Details, die den Unterschied ausmachen. Im *Dictum* Shop gibt es kein industriell gefertigtes Serienprodukt, was man hier in die Hand nimmt, wurde auch von Hand gemacht. Man darf Stöbern, Ausprobieren und kann sogar Kurse belegen. Egal, welches ‚Tool' man braucht, ob für Küche, Garten, Werkstatt, Outdoor, Atelier oder Hobbyraum – hier wird man nicht nur fündig, sondern auch kompetent beraten.

Dazu sind *Dictum* Japan-Experten und stellen große Teile ihres Sortiments von dort zusammen. Sägen für Heim- und Gartenarbeit etwa oder Rasier-, Klapp- und Kochmesser. Für jeden Geldbeutel. Top-Messer kommen mit einer lebenslangen Schärfe-Garantie und können im Laden immer wieder nachgeschärft werden. Überhaupt ist alles, was scharf sein soll, hier bestens aufgehoben: Äxte, Hobeleisen, Stemmeisen, Frisörscheren und Rasiermesser werden für den schmalen Taler wieder scharf gemacht. Und wer dennoch lieber selber Hand anlegt: Voilà, auch Schleifsteine, etwa aus Japan oder Belgien, gibt's im wohl sortierten Angebot. Für Frauen, und natürlich Männer mit entsprechenden Neigungen, ist dieser Laden ein Paradies.

ClassiCon

ADRESSE Sigmund-Riefler-Bogen 3 — **T** 089 748 133 0
IG @classicon — **WEB** classicon.com

Das Münchner Unternehmen *ClassiCon* („*Classic Contemporary Design*") produziert und vertreibt hochwertige Designmöbel und -leuchten. Dazu gehören Klassiker und Designikonen des 20. Jahrhunderts, beispielsweise der Adjustable Table E.1027 von Eileen Gray, genauso wie zeitgenössische Entwürfe. Der bekannteste dürfte wohl der Bell Table von Sebastian Herkner sein. Aber auch Stücke von unter anderem Konstantin Grcic, Barber Osgerby oder Jader Almeida sind im Portfolio vertreten

Ein Besuch im firmeneigenen Showroom lohnt sich für Designfans daher allemal. Noch dazu, weil dieser in einem spektakulären Bau des Architekten Joachim Jürke beherbergt ist – so spektakulär, dass er den ersten Preis des bayerischen Architekturpreises abräumte. Eine Vorab-Anmeldung per E-Mail oder Telefon reicht. Sollte man sich direkt verlieben, kann das neue Möbel mithilfe des *Classi-Con-Teams* über den Händler des Vertrauens bezogen werden.

Unser Redaktions-Tipp: Einmal im Jahr findet ein Sonderverkauf der Ausstellungsstücke statt. Die Termine erfährt man über den hauseigenen Newsletter.

Walter & Sohn Weinhandlung

ADRESSE Karlsburger Straße 63 — **T** 089 189 467 50
IG @walterundsohnweinhandlungen — **WEB** walterundsohn.de

Nach dem Studium der Philosophie und der Geburt seines ersten Sohnes gründete Guido Walter 2005 die *Walter & Sohn Weinhandlung*. Gleich von Anfang an legt er den Fokus auf deutsche Weine. Und trifft einen Nerv. Motiviert durch den regen Zuspruch folgte 2009 das zweite „venture": Da in München gerne (und viel) Prosecco getrunken wird, wurde kurzerhand mit Winzer Freund Jürgen Hofmann aus Rheinhessen der leicht perlende *Fritz Müller* auf den Markt gebracht.

Mit der Zeit wuchs nicht nur das Sortiment und dessen Herkunftsländer, sondern auch das Team der Mitarbeiter, von denen man durch die Bank eine verlässliche Weinempfehlung erhält. Gerade Gastronomen schätzen die „lückenfüllende Philosophie" in der Sortiments-Erstellung. Und weil Guido in Sachen Kulturgut Wein niemals stillsteht, legte er neben diversen Weinprüfungen auch die zum italienischen Weinambassador ab. Eine Auszeichnung, die nur eine Handvoll deutscher Sommeliers und Weinhändler tragen dürfen.

Walter & Sohn liefern in München auch an Privatkunden - und sind, nach eigener Erfahrung, auch hier sehr zügig unterwegs. Die Weinhandlung im *Münchner Osten* hat an fünf Tagen in der Woche geöffnet.

Individuelle Druckschätze

Nicht kaufen, selber machen – oder einen Workshop bei *Sarah Braconnier* in der *Silberfabrik* buchen. In ihren Siebdruck-Workshops geht es nicht um Perfektion und lange Arbeitsprozesse. Sondern ums Kennenlernen, Ausprobieren und eine gute Zeit haben mit dem alten Handdruck. Gemeinsam werden die technischen und handwerklichen Schritte des Siebdrucks erforscht, um anschließend individuelle Kleinserien von A–Z selbständig zu realisieren.

Einen Workshop bei Sarah verlässt man dann mit seinen ganz individuellen Druckschätzen – und einem großen Glücksgefühl.

Elsässer Straße 19
089 809 985 56

silberfabrik.com
@silberfabrik

TIPP

AUF DER DULT

Enge Gassen, Händler und der Duft von Bratwürsten und Steckerlfisch: Dreimal im Jahr heißt es auf dem Kirchplatz der Mariahilfkirche: Auer Dult. Auf die Maidult im Frühling folgt im Sommer die Jakobidult, ehe im Oktober die Kirchweihdult das Auer Volksfestjahr beschließt. Für Orientierung sorgen die Gassennamen. In der Raritätengasse kann man nach Schätzen aus alten Tagen suchen. In der Neuheitengasse hingegen aktuelle Haushaltshelfer finden. Für's leibliche Wohl sorgen zahlreiche bayrische Schmankerl, und Kasperltheater, Schiffsschaukel oder Karussell lassen Kinderherzen höherschlagen.

DER MESSER MO
Schleifen von Schneidewerkzeugen
Münchner-Kindl.Gasse 21 – messermo.de

FISCHER VRONI
Steckerlfisch und Augustiner vom Holzfass
Schaustellerteil – fischer-vroni.de

OX GRILL BY RINGLERS
Marinierte Ochsenfetzen in der Bio Semmel
Ahornallee – ringlers.net

**KÖNIGLICH BAYERISCHER
HOF-PHOTOGRAPH**
Portrait-Fotografie im Retro-Stil
Schaustellerteil – hofphotograph.de

KINDER-SCHIFFSCHAUKEL
Flugzeuge im Bauch für die Kleinen
Schaustellerteil

18 MAI GARTEN

Unglaublich gut

Aubergine nach Szechuan-Art, knusprige Ente, Knoblauchstangen mit Oktopus und gedämpfte Teigtaschen. *Mai Garten* ist wohl das authentischste chinesische Restaurant der Stadt. Angefangen hat es mit einem kleinen Imbiss in der Au. Den gibt's noch, immer gut besucht. Doch egal, ob im Imbiss oder im Restaurant in der *Buttermelcher Straße 5*: Das Essen schmeckt überall fantastisch.
So schaut man gerne auch mal hinüber, was der Nachbartisch bestellt hat, um beim nächsten Besuch etwas Neues zu probieren.

Ohlmüllerstraße 24	facebook.com/maigarten
Buttermelcher Straße 5	@maigarten
089 624 238 88	

21 SHOTGUN SISTER COFFEEBAR

Nachbarschaftscafe- und laden

Das *Shotgun Sister* in *Giesing* ist eine kleine lokale Größe geworden. Doch hinter dem Café steckt noch weit mehr: nämlich ein vegetarisches Restaurant. Gebacken und gekocht wird vor Ort, Bowls gibt es von früh bis spät, von süß bis herzhaft.
Man kann hier auch Obst und Gemüse bestellen und seinen gesamten Wochenbedarf für gut 20 Euro decken. Garantiert vom Demeter Hof, regional und saisonal. Vorbestellen kann man auch selbstgemachte Kuchen. Den kann man dann samt Öko-Kisten-Bestellung gemeinsam im Laden abholen und daheim – oder sofort – genießen.

Deisenhofener Straße 40	shotgunsister.com
089 260 107 30	@shotgunsistercoffeebar

Gabelspiel

ADRESSE Zehentbauerstraße 20 — **T** 089 122 539 40
IG @gabelspiel — **WEB** restaurant-gabelspiel.de

Der Stern in *Giesing*. Was der Österreicher *Florian Berger*, Inhaber, Innovator und Chef de Cuisine, in Giesing auf die handgemachten Teller bringt, ist uns von Freunden als etwas ganz Außerordentliches – geschmacklich, wie optisch – beschrieben worden. Sie haben Recht, der Michelin würdigt das *Gabelspiel* mit einem Stern.

Darüber hinaus beeindruckt die angenehme Atmosphäre drinnen und draußen, getragen von Gastgeberin, Ehefrau und Mitinhaberin *Sabrina Berger*. So ein Abend im Gabelspiel hallt noch lange nach, positiv versteht sich. Die Hauptzutaten sind regional, wobei *Florian Bergers* Philosophie bei geschmacksbegleitenden Elementen nur die Qualität entscheiden lässt.

Wer sich über das schöne Porzellan wundert, braucht den Teller gleich gar nicht anzuheben: die meisten Teller im *Gabelspiel* werden von der Österreicherin Elfriede Ruprecht-Porod in ihrer Kunst- und Keramikwerkstatt im oberösterreichischen Altenfelden nach Florians Vorstellungen angefertigt.

Der Sizilianer Trinacria

22

ADRESSE Balanstraße 25 — **T** 089 454 790 84
IG @trinacriafeinkost — **WEB** dersizilianer.com

Die Küche Italiens gehört zu den vielfältigsten der Welt. Das dürfte kein großes Geheimnis sein. Dass jede noch so kleine Region obendrein ihre ganz eigenen Besonderheiten hat, hingegen schon. Traditionell wie kulinarisch. Auf *Trinacria*, den alten Namen Siziliens, trifft das ganz besonders zu. Zitrusfrüchte, Korn, Gemüse, Mandeln wachsen hier in einer Qualität, die ihresgleichen sucht. Das liegt an der Sonne, einer 3000 Jahre alten Anbautradition und den schier unzähligen Einflüssen, die diverse Invasoren auf dem Inseldreieck hinterlassen haben. Dazu Fisch aus drei Meeren, sowie Wild- und Zuchtvieh erster Güte. Im *„Trinacria – Der Sizilianer"* kocht Inhaber und Chefkoch *Roberto Careri* mit sizilianischer Leidenschaft und flexibler Speisekarte. Die richtet sich vor allem nach Marktlage und Laune. Die Zutaten, auch diese, die hier zu kaufen sind, sowie Weine bezieht Roberto aus der Cooperativa Libera Terra, einer staatlichen Initiative, die sich auf Mafia-befreiten Landgütern und Äckern biologischem Anbau verschrieben haben. Das ist nicht nur sinnvoll und nachhaltig, sondern auch die Qualität stimmt. Ein Gewinn für alle.

La familigia

Herrlich unscheinbar. Kein großes Schild an der Fassade. Die Frage bleibt, bin ich hier richtig, isst da jemand? Die Antwort: und ob. Frischester Fisch, eine wunderbare Tagliata, Pasta mit ungewöhnlichem Sugo. Möchte man Wein dazu, sucht der Chef persönlich die Flasche aus, stellt sie auf den Tisch und man trinkt, soviel man mag. Halbvoll, halbleer, abgerechnet wird, was getrunken wird. Auch beim Essen kann man von allem nur ein bisschen bestellen. Herrlich. *Buon Appetito.*

Schlotthauerstraße 16
089 622 314 96

TIPP

TRACHTEN

„Tracht" im textilen Sinn ist das, was man auf dem Leib trägt. Zum Oktoberfest muss man diese auch er-tragen, wie eine Tracht Prügel beispielsweise. Definieren wir es im besten Makers Bible Sinne: Bayerische Tracht kommt nicht aus China. Und eigentlich haben wir mit Tracht, genäht in Südeuropa –beispielsweise– auch so ein Problemchen, da doch die Trachtenlabel meist das echt bayrische in den Vordergrund stellen. Es muss halt jeder selbst wissen. Diese Label empfehlen wir mit maximal guten Gewissen.

HUND SANS SCHO
Lieblingshemden, Trachten-Hemden für Sie & Ihn
Baader Straße 27, 089 540 443 00
hundsansscho.de – @hundsansscho

SVENJA JANDER
Maßanfertigung für Damen
Jahnstraße 25, 27, 37, +089 130 126 48
svenjajander.com – @svenja.jander

GOTTSEIDANK
Tradition trifft Futur: Tracht-verwandte Kollektionen
Schleißheimer Straße. 273, 089 358 999 182 1
gottseidank.com – @gottseidankcom

HOLAREIDULIJÖ
Gebrauchte Tracht (An- und Verkauf)
Schellingstraße 81, 089 271 774 5
holareidulijoe.com

SCHUH BERTL (Seite 35)
HALF'S (Seite 107)
Wer bisher mit Timberlands, Chucks oder Ballerinas auf die Wiesn ging, stattet diesen Experten einen Besuch ab.

SÜDEN

Einer der am häufigsten genannten Vorteile Münchens ist die Nähe zu den Bergen und Seen. Für einen Ausflug ins Voralpenland muss man ganz zwangsläufig auch durch *Sendling*. Wer dann im Auto am *Luise-Kiesselbach-Platz* schon ahnt, dass zu viele die gleiche Idee hatten, sollte sich schnell stadteinwärts orientieren. *Thalkirchen* und *Flaucher* locken mit Natur pur. Da ist man sehr wahrscheinlich nicht wirklich allein, schön ist es trotzdem. Haltestellen ins Grüne sind dazu *Harras* oder *Solln*. Und der Vorteil des Bahnfahrens ist ja, dass man schon beim Hin- und Rückspazieren auch allerlei Geheimtipps zur Einkehr nebenbei entdecken kann. Spätestens auf der *Alten Utting* oder am *Roecklplatz* hat man sich dann wieder mit dem Tag versöhnt.

FRISCHER FUTTERT ES SICH NIRGENDS
Schlachthofviertel

STADTTEIL ZUM ENTDECKEN
Sendling

STADT, LAND, FLUSS
Thalkirchen

MÜNCHEN SÜDEN

ABWECHSLUNG ENTLANG
DER ISAR

MAKER

39 Herr und Frau Rio
   Häberlstraße 24

40 Sylvia Lerch
   Material & Produktion
   Schöttlstraße 16

41 Werner Murrer Rahmen
   Zennerstraße 6

42 The Illusionist Gin
   Rupert-Mayer-Straße 44

43 Studio David Lehmann
   Kistlerhofstraße 70

HÄNDLER

Fehlanzeige! Nun ja, fast jedenfalls. Denn natürlich haben wir uns durch wunderschöne Geschäfte im Münchner Süden gesucht, aber leider keine Händler finden können, die unseren Kriterien nach in diesen Guide passen würden. *Das ist schade, aber freilich keine böse Absicht.* Anregungen nehmen wir diesbezüglich sehr gerne entgegen. Denn es kann immer besser werden.

GASTGEBER

23 Monti Monaco
   Zenettistraße 11

24 Frisches Bier
   Thalkirchner Straße 53

25 Roecklplatz
   Isartalstraße 26

26 Alte Utting
   Lagerhausstraße 15

27 Gaststätte
   Grossmarkthalle
   Kochelseestraße 13

28 Saluki
   Thalkirchner Straße 130

29 Beirut Beirut
   Lindenschmitstraße 18

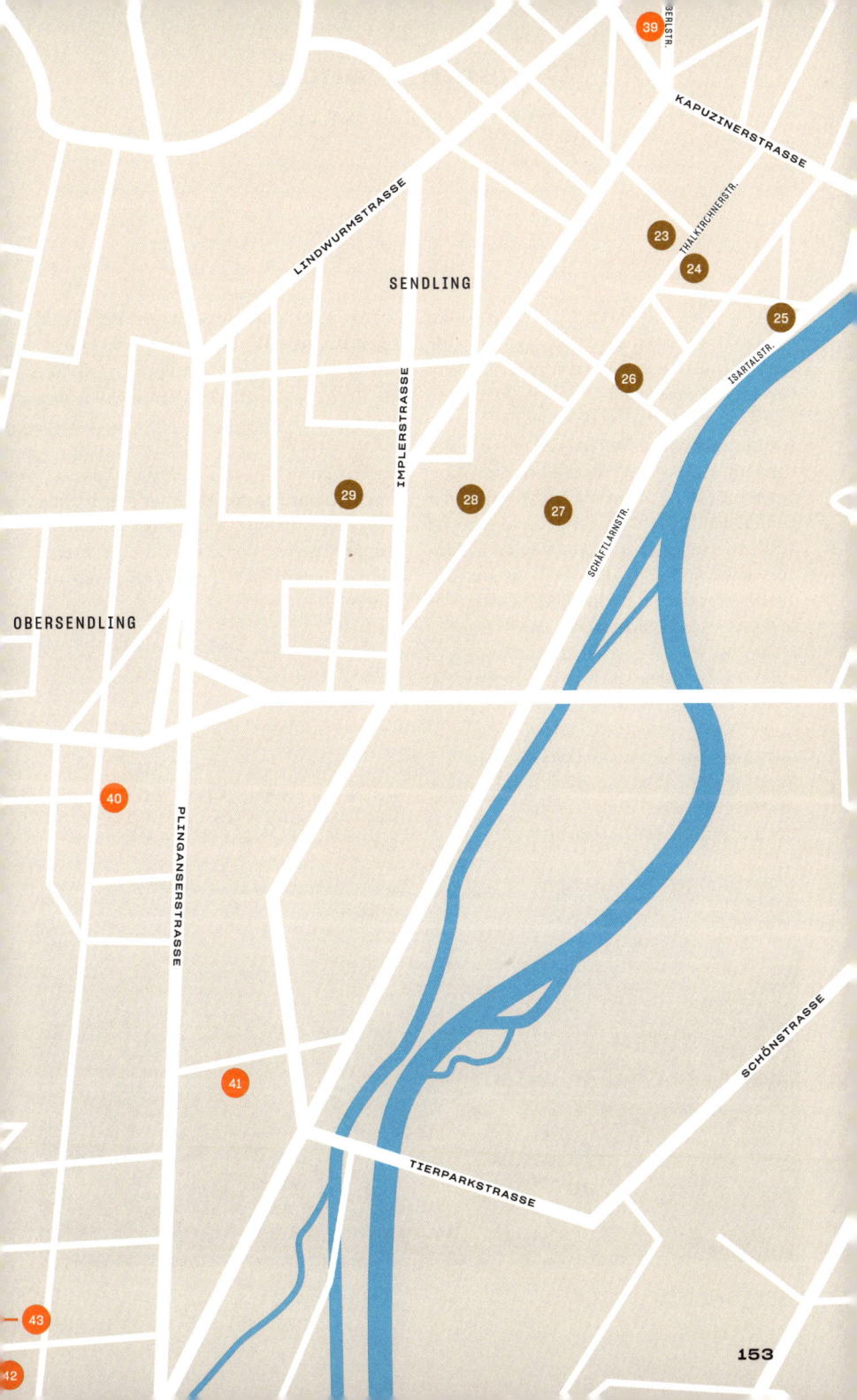

39

KAPUZINERSTRASSE

BERISTR.

LINDWURMSTRASSE

SENDLING

THALKIRCHNERSTR.

23

24

25

ISARTALSTR.

26

IMPLERSTRASSE

29

28

27

SCHÄFTLARNSTR.

OBERSENDLING

40

PLINGANSERSTRASSE

41

SCHÖNSTRASSE

TIERPARKSTRASSE

43

42

Christian Wander

RAUS AUS DER STADT

München ist toll. Manchmal muss man aber auch raus aus der Stadt, hinein in die Natur. In seinem Blog *Outville* schreibt *Christian Wander* über Outdoor-Aktivitäten und Camping. Hier verrät er seine liebsten Ausflugsziele im Münchener Umland. Der Outdoor-Industrie-Veteran Christian Wander wollte seine Liebe zur Natur mit seiner Leidenschaft für Markenentwicklung und authentisches Geschichtenerzählen verbinden. Bei *Outville* geht es deshalb um Entdeckungstouren außerhalb der Stadt, sei es in den Bergen, Wäldern oder am Meer – immer angetrieben von einer Prise Abenteuerlust und einem Lebensgefühl, das stark in der Natur verwurzelt ist und fast nebenbei in verschiedenste Bereiche wie Fotografie, Design, Architektur aber auch Reisen, Camping und Essen hineinwirkt.

Outville möchte Gleichgesinnte erreichen und ihnen Impulse für Outdoor-Entdeckungstouren geben. So entsteht ein inspirierenden Mix aus authentischen Geschichten über besondere Menschen, kleinen und großen Abenteuern, die direkt vor der Haustür anfangen und sich bis in die tiefste Wildnis erstrecken können, ausgewählter Ausrüstung und coolen Orten – erschaffen von einer Gruppe kreativer Köpfe, die alle eins verbindet: die Leidenschaft für die große Weite da draußen.

WEB
outville.cc
INSTAGRAM
@outville

KLEINE UND GROSSE
ENTDECKUNGSTOUREN VOR
DER EIGENEN HAUSTÜR

KURATOR

CHRISTIAN WANDER

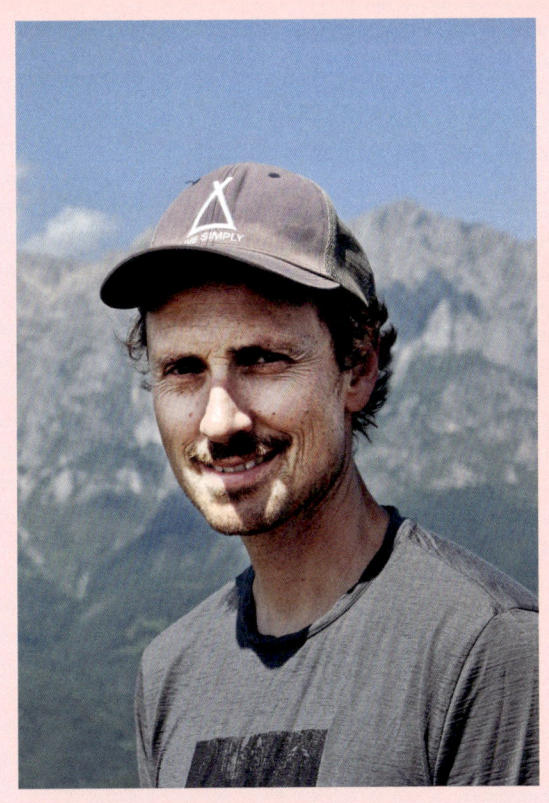

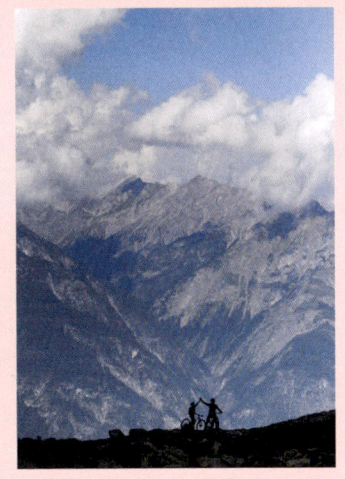

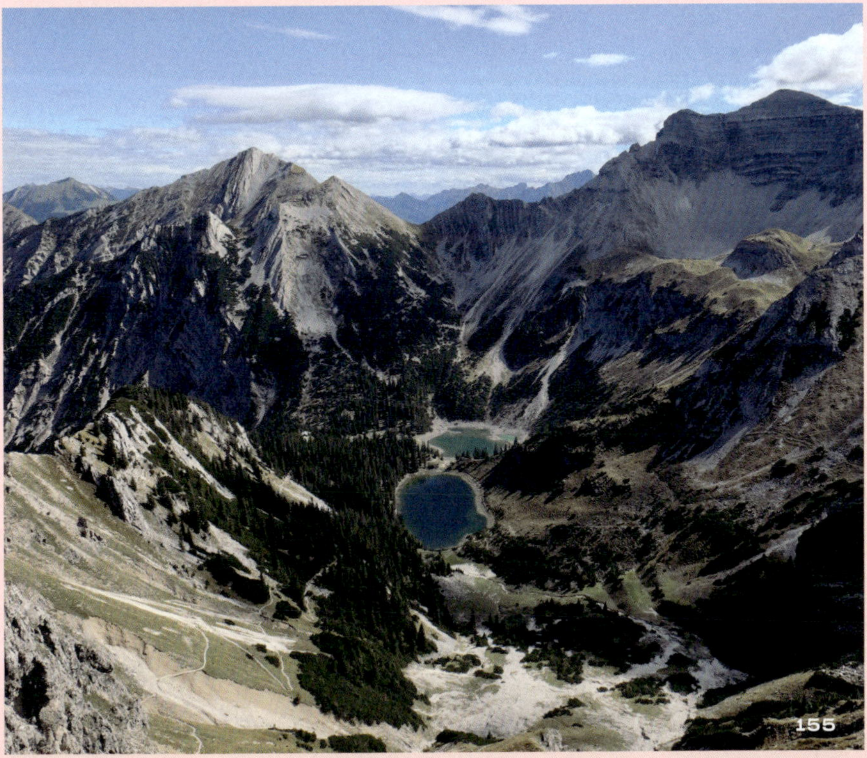

SÜDEN

AUF DEN PERLACHER MUGL
WANDERUNG

Der 587 Meter hohe Hügel überragt den *Perlacher Forst* zwar nur minimal, überrascht jedoch bei klarer Sicht mit einem atemberaubenden Alpenpanorama, das vom *Wendelstein* bis zur *Zugspitze* reicht. Aus der Innenstadt erreicht man den Ausgangspunkt *Harlaching* mit der *U2 (Mangfallplatz)* oder mit der *15er Tram (Theodolindenplatz)*.

MATTERHORN VON OBERAMMERGAU
WANDERUNG

Oberammergau, bekannt für Holzschnitzer, Festspiele und den *1.342 Meter hohen Kofel* – von Einheimischen gerne als *Oberammergauer Matterhorn* bezeichnet. Vom Friedhof aus geht es steil zum *Kofelsattel* hinauf, dann weiter über einen Klettersteig in Richtung Gipfel. Für die 500 Höhenmeter benötigt man ca. 2,5 Stunden hin und retour. Exklusive anschließender Einkehr im Restaurant *Mundart*.

DORFWIRT IN UNTERAMMERGAU
WIRTSHAUS

Bayrisches Fine Dining, nachhaltig und regional, locker und sympathisch. *Thomas Zwink* und seinem Team gelingt das im Dorfwirt mit zugehöriger Wollschweinzucht spielend. Eine Speisekarte gibt es nicht, dafür ein Überraschungsmenü. Wer Lust hat, kann vorab eine kleine, knapp einstündige Wanderrunde durch die landschaftlich beeindruckende *Schleifmühlenklamm* unternehmen.

HEIMGARTEN & HERZOGSTAND
WANDERUNG

Ein Klassiker unter den Münchner Hausbergen, vor allem wegen des Panoramas: *Kochelsee, Herzogstand, Jochberg, Bene-Wand, Walchensee, Karwendel, Wetterstein, Estergebirge* und *Laber* mit *Ettaler Mandel*. Von *Ohlstadt* aus braucht man rund 2,5 Stunden bis zum Gipfelkreuz. Unter der Woche unbedingt eine Brotzeit einpacken. Die kleine *Heimgartenhütte* hat meist nur an Wochenenden geöffnet.

ISARTRAILS BIS SCHÄFTLARN
MOUNTAINBIKE TRAILS

Direkt hinter dem *Tierpark Hellabrunn* beginnen die flowigen Trails isaraufwärts. Bei *Schäftlarn* verläuft der schmale, wurzelige Trail entlang der Hangkante des Isarhochufers, Fluß- und Bergblicke inklusive. Am höchsten Punkt biegt man links hinunter in Richtung *Kloster Schäftlarn* ab. Neben dem Kloster lockt der *Brückenwirt* zur stärkenden Einkehr.

STAFFELSEE
PADDELTOUR

Fast wähnt man sich in *Kanada*, tiefblaues Wasser, Tannenwälder bis zum Ufer und Berge im Hintergrund. Sieben Inseln kann man z.B. mit dem Ruderboot *(Leihe im Strandbad Alpenblick)* im *Staffelsee* ansteuern. Wer erschöpft zurückkommt, stärkt sich entweder im *Seerestaurant Alpenblick* oder im angeschlossenen Biergarten bei einer *Radlermaß* samt *Obazdn*.

SCHÖTTELKARSPITZE
BIKE & HIKE IM KARWENDEL

Start mit dem Mountainbike ist in Krün (870m). Auf einer Forststraße strampelt man hinauf zur Fischbachalm (1.400m) und läuft von dort über den spektakulären Lakaiensteig weiter bis zum Soiernhaus (1.610m). Ein Einkehrschwung hier ist Pflicht. Bis zum Gipfelkreuz der Schöttelkarspitze sind es nochmals weitere 400 Höhenmeter – und die Aussicht ist grandios!

SIMETSBERG
WANDERUNG

Bei *Einsiedel* hinter dem *Walchensee* startet die leichte, rund vierstündige Wanderung zum *Simetsberg*. Auf einem Wurzelpfad geht es hinauf durch Wälder bis zur alten Dienshütte, die am Rand der *Hochalm* auf 1.600 Meter liegt. Von hier aus sind es nur 30 Minuten bis zum Gipfelkreuz, wo ein Bergpanorama der Extraklasse wartet, während unten der türkisblaue *Walchensee* leuchtet.

OLIVER LINKE

TYPE-WALKER

Wenn *Oliver Linke* davon spricht, dass etwas zu fett oder bauchig ist, geht es sicher nicht um Körpermaße. Der Schriftentwerfer, Dozent und Autor liebt Buchstaben jeder Art, und für eine gute Unterhaltung über gelungene Proportionen und unscheinbare Details jener Typen lässt er jeden Blockbuster sausen.

Was für viele auf den ersten Blick wie eine absolute Nischendisziplin aussieht, betrifft uns alle doch mehr oder weniger direkt: Wer hat nicht schon einmal im Textprogramm nach der passenden Schrift gesucht und unschlüssig hin- und herprobiert? Wer bekommt beim Betrachten von alten, elegant geschwungenen Neon-Schriftzügen nicht auch ein kleines Leuchten in den Augen? Und wer schaut nicht fasziniert auf fremde Schriftzeichen und beginnt unwillkürlich zu rätseln, was da steht? Stellen Sie sich kurz Ihren Alltag ohne Schrift vor, und Sie können die Komplexität und Tragweite dieser großartigen Kulturtechnik erahnen...

betreibt. Darüber hinaus ist er Autor zweier Monografien über einen Renaissance-Schreibmeister (2007) und einen Münchner Schriftenmaler (2013) und schreibt regelmäßig für die Fachzeitschrift *PAGE*.

Sein Engagement bündelt sich vor allem in der *Typographischen Gesellschaft München e.V. (tgm-online.de)*, wo er seit vielen Jahren im Aktivteam mithilft, das umfangreiche Programm dieser nicht nur ältesten (gegründet 1890!) sondern auch inzwischen mitglieder

WEB
lazydogs.de
designschule-muenchen.de
tgm-online.de
INSTAGRAM
@o.linke
@lazydogtype
@designschule_muenchen
@typographische

Seine Leidenschaft für die Buchstaben entdeckte *Oliver Linke* schon beim Studium zum Kommunikationsdesigner in *Augsburg* und *Kansas City* und begann, diese auch bald danach bei Lehraufträgen und Workshops im In- und Ausland weiterzugeben. Inzwischen steckt er seine Schüler*innen an der *Designschule München (design-schule-muenchen.de)* mit dem »Typo-Virus« an, während er sein eigenes Schriften-Label *(lazydogs.de)* zusammen mit *Katharina Seidl* und *Kai Büschl*

stärksten Interessengemeinschaft rund um die Typografie zu gestalten. Nach einigen Jahren im Vorstand konzentriert er sich nun auf den »Dynamic Font Day« *(dynamic-fontday.com)*, die internationale Konferenz der *tgm* zu Typografie in digitalen Medien. Ein ganz besonderes Schmankerl sind seine seltenen »TypeWalks«, die als kurzweilige typografische Stadtspaziergänge schon so manchem Nichtsahnenden die Augen geöffnet haben.

EINFAHRT

Auf den ersten Blick unspektakulär, aber genauer betrachtet, erstklassige Qualität – handwerklich und typografisch: Für dieses Schild schnitt ein Mitarbeiter der *Firma Blaschke* (siehe Signatur rechts unten) die Buchstaben von Hand in eine Maskierfolie um anschließend das Schild zu lackieren.

Frauenplatz 14

J. G. MAYER

Versteckt in den Arkadennischen des neuen Rathauses findet man diese kleine Vitrine für das alteingesessene Modegeschäft. Auch sie wurde von der *Firma Blaschke* gestaltet, hier aber etwas aufwändiger: Hinterglas in Gebrochner Schrift und mit feinem Goldrand. Das muss man erstmal so hinbekommen!

Marienplatz 8

DAS HINTERSTELLEN VON FUHRWERKEN IST VERBOTEN

Trotz Fehlstellen kann man diesen ziemlich alten, handgemalten Hinweis, der sich gleich mehrfach unter der Brücke befindet, noch gut erkennen. Sowohl Sprache als auch Schriftform deuten auf eine Entstehung hin, die möglicherweise schon bald nach dem Bau der Brücke (1894) liegt.

Unter der Hackerbrücke, nördlich der Gleise

WERKSTÄTTE

Die Fassade des Juweliers *Schober* wurde gleich von mehreren Schriftenmalern bereichert. Es finden sich Signaturen von *Blaschke* und *Kadar*. Von der großen Hinterglas-Vergoldung in den Schaufenstern über weitere Tafeln darüber und daneben zeigt dieses Ensemble eine vollständige Ladenfront wie aus dem Bilderbuch.

Radlsteg 2

WEIN FELDMANN / KÜNSTLER TREFF

Hier kann man sich ernsthaft die Frage stellen, wer sich wohl eher „Künstler" nennen sollte – der Weinhändler oder die krakelnden Pseudo-Künstler, die sich offenbar bisher wenig mit der Kunst der Schriftformen auseinander gesetzt haben? Oben stimmt alles, unten nichts. Ober ist's Kunst, unten kann's weg.

Elvirastraße 11

AM EINLASS

Wir mögen uns an die Schriftform(en) der Münchener Straßenschilder schon lange gewöhnt haben. Aber wer genauer hinschaut, stellt fest, dass es da doch zahlreiche Varianten gibt. Dieses hier etwa zeigt sich nur in kräftigen, serifenbetonten Versalien, emailliert und bombiert (gewölbt). Damit gehört es vermutlich zu den ältesten erhaltenen Straßenschildern Münchens.

Am Einlass, Ecke Blumenstraße

ARENA

Natürlich, das *Lichtspielhaus* ist super. Aber der Neon-Schriftzug mit der fetzig angehängten Rückwärts-Unterstreichung ist schon auch großes Kino. Vor allem, wenn man weiß, dass die Neonröhren von Hand gebogen werden mussten und auch der umschließende Blechkörper alles andere als einfach herzustellen ist.

Ickstattstraße, Ecke Hans-Sachs-Straße

UNTERGANG

Ein seltsame Mischung aus geometrischer Strenge und Unheil verkündender Poesie versprüht das Wort über der Unterführung. Das Licht verzaubert zusätzlich die eigentlich schlichte Form in ein kraftvolles Wechselspiel aus dünnen und dicken Linien. Ob man sich da jetzt noch durch traut?

Fahrradunterführung an der Reichenbachbrücke (Westufer)

ANDREAS KRÄFTNER

Unter dem Motto »*Der Kräftner macht Sachen*« macht der Industriedesigner alles, was jegliches Schubladendenken sprengt. Von speziellen Siebdrucken bis hin zu (Einrichtungs)-gegenständen aller Art entsteht in seiner Werkstatt eine Sammlung von – naja, lauter tollen Sachen eben.

kraeftner.de

PETRA WÖHRMANN
DESIGN & LETTERING

Wenn Petra den Pinsel oder die Spitzfeder schwingt, wird es ruhig im Raum. Mit staunendem Blick wird die Schreiberin beobachtet, wie sie Buchstaben fernab von altbackener *Blattgold-Kalligrafie* auf die Fläche zaubert. Wer sich mehr als nur begeistern will, belegt am besten einen ihrer Kurse.

petrawoehrmann.de — @petrawoehrmann

LETTERETTE

Hinter der „Letterette" verbirgt sich *Stephanie Reis*, eine Kommunikationsdesignerin, deren Herz voll und ganz für handgemalte Schrift schlägt. Als junge Gestalterin bringt sie frischen Wind ins Schriftenmaler-Handwerk, egal ob auf Holz, Glas oder digital.

letterette.de — @letterette_muc

TYPOGRAPHISCHE GESELLSCHAFT
MÜNCHEN E.V.

Man muss gar kein ausgesprochener *Typo-Nerd* sein, um hier in guter Gesellschaft zu sein. Das Tolle an der »*tgm*« ist ja gerade das Interdisziplinäre, das sich in einem Punkt – der Schrift – schneidet. Hier trifft man die gesamte Bandbreite der Medienbranche, egal ob zum Austausch über die neuesten Technologien oder einfach nur auf ein Bier.

tgm-online.de — @typographische

Herr und Frau Rio

ADRESSE Häberlstraße 24 — **T** 089 452 163 77
IG @herrundfraurio — **WEB** herrundfraurio.de

Ein Risograph ist ein Drucker der, bei sachkundiger Bedienung, wie bei *Herrn und Frau Rio*, unvergleichlich schöne und farblich einzigartige „unperfekte" Drucke produziert. Im Prinzip ist es wie Siebdruck, da hier für jede Farbe eine Schablone genutzt und pro Farbe gewechselt wird.

Dabei ist das Druckverfahren sehr umweltverträglich: Die Farben basieren auf Sojaöl, und die Schablonen sind aus Hanf-Fasern. Zudem verbraucht der „Riso" sehr wenig Energie. So bearbeiten Laura und Sascha Aufträge von großer Bandbreite an Druckerzeugnissen überwiegend kleiner Auflagen und bieten dazu Beschnitt, Falzung, Bindung jeglicher Art und Perforation. Dabei ergänzen sie ihre Druckprodukte noch um Veredelungsmethoden wie Heiß- oder Kaltfolienprägung. Wem das nun zu theoretisch klingt, der geht hin und läßt sich von den beiden beraten oder belegt einen Workshop, egal ob sie oder er interessierte Laien sind oder Profi-Designer. Da Risographie erst einmal anders ist als die meisten Drucktechniken, erhält man von *Herrn und Frau Rio* sowohl theoretischen als auch praktischen Rat.

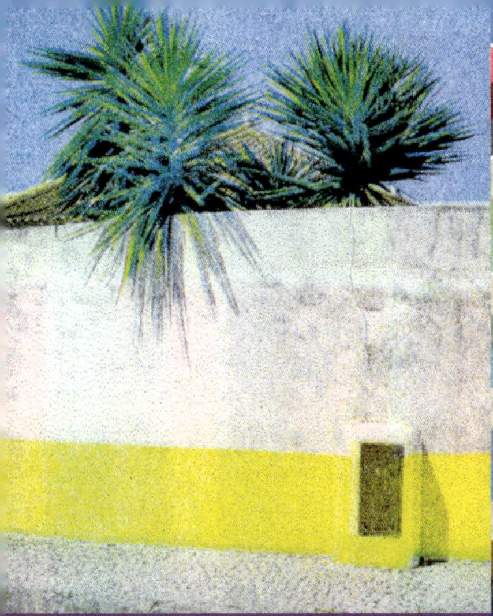

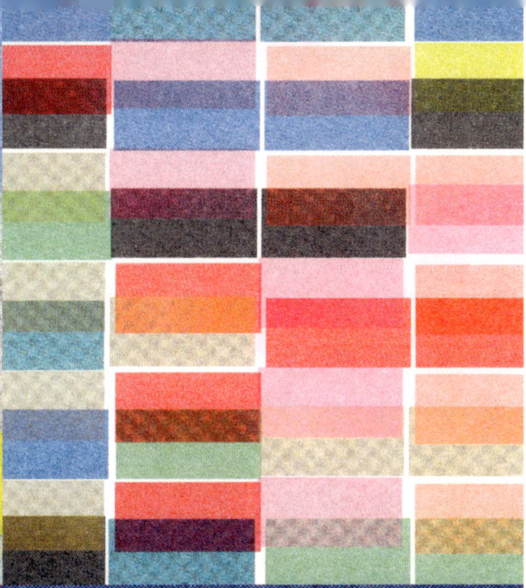

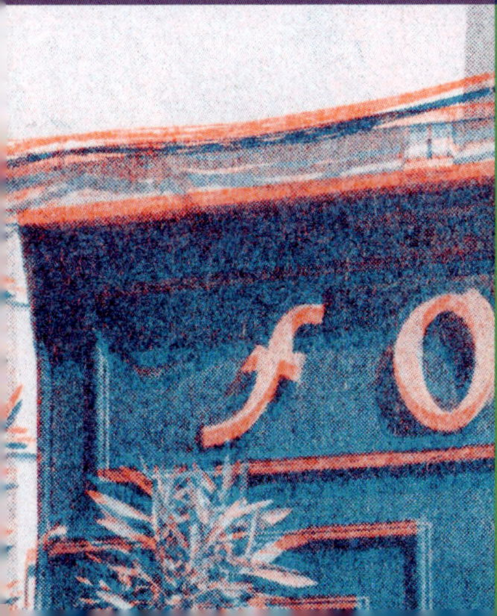

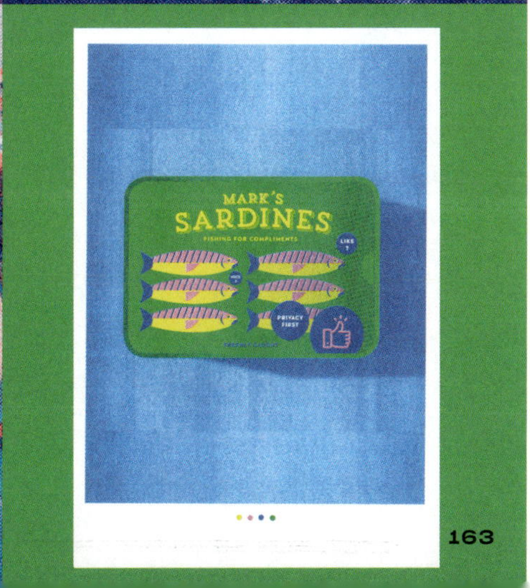

MARK'S
SARDINES
FISHING FOR COMPLIMENTS

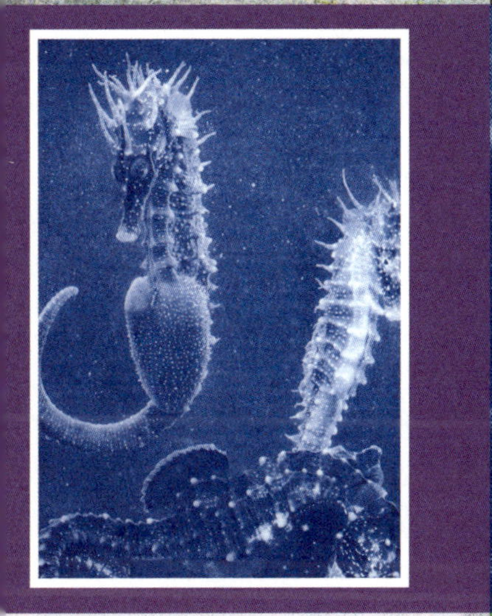

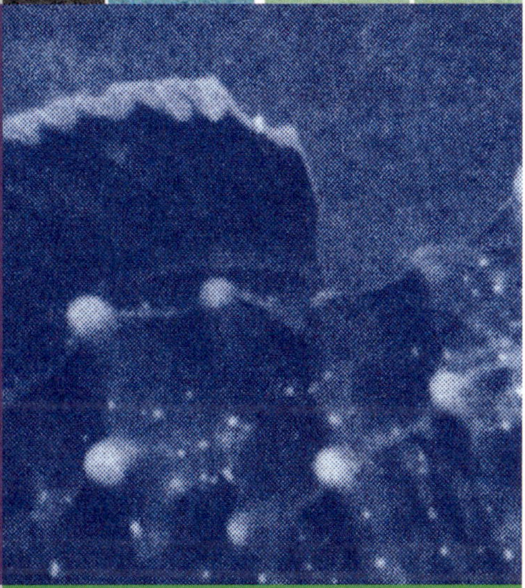

LIKE

PRIVACY FIRST

Sylvia Lerch Material & Produktion

40

ADRESSE Schöttlstraße 16 — **T** 089 452 068 00
IG @sylvia_lerch — **WEB** sylvialerch.de

„Frag Sylvia". Die äußerst feinfühlige *Sylvia Lerch* ist Papier- und Materialexpertin. Es gibt kaum eine alte, definitiv aber keine neue Papier-Veredlungsform, die sie nicht kennt oder nicht auf- und dann vertreiben kann. Das gleichnamige Büro ist Dienstleister für Grafikdesigner, Agenturen und Firmen. Aber auch Spezialkunden werden hier freundlich und kompetent beraten.

Heute sind nur noch die teuren Papiere unter Umständen handgeschöpft; so laufen viele Arbeitsschritte damit nach wie vor ‚händisch' ab. Grafiker*innen kennen Sylvia auch als Kolumnistin in Fachmagazinen und als Vortragsrednerin zum Thema Haptik und Veredelung. Hier teilt sie ihr Wissen vor allem über nachhaltige Druckmethoden und Papier- oder Individualverpackungen.

Wochentags ist das Ladenbüro besetzt. Für Besuche empfehlen wir Ihnen, liebe Leserin und Leser, jedoch eine Terminabsprache.

The Illusionist Gin

ADRESSE Rupert-Mayer-Straße 44 — **T** 089 748 352 11
IG @illusionist_gin — **WEB** theillusionist-gin.com

Angefangen hat alles 2015, *Tim Steglich* und *Max Muggenthaler* hatten diese Idee: Ein tiefblauer Gin, der zu einem zarten Hellrosa wechseln soll, sobald er mit Tonic gemischt wird. Der illusionistische Dry Gin war geboren! Zunächst nur in ausgewählten Bars zu finden, hat sich der Illusionist zum Geheimtipp entwickelt. Handgemacht. 100 % biologisch.

Über ein Jahr lang feilten Tim und Max an der Rezeptur – und am ersten Brennsystem mit handgefertigten Laborglaskühlern. Denn in der *Illusionist Distillery* wird nicht nur selbst gebrannt, sondern auch von Hand in edlen Jugendstil Flaschen abgefüllt. 16 feine Pflanzenstoffe entfalten florale Noten, die Muskatblüte gibt erdige Würze, dazu ein Hauch von Lakritze und fruchtigen Zitrusfruchtschalen. Der starke Alkoholgehalt von 45 % auf Basis von Weizenbrand rundet das Gesamtpaket ab. Das Geheimnis des Verfärbens? Geheim. Eine Blume aus Fernost verleiht dem *Illusionist Dry Gin* seine einzigartige blaue Farbe, die sich bei Kontakt mit säuerlich-fruchtigen Flüssigkeiten wie etwa Tonic entwickelt. Und zwar ganz ohne Zusatz von Farbstoffen.

Werner Murrer Rahmen

ADRESSE Zennerstraße 6 — **T** 089 723 672 3
IG @werner_murrer_rahmen — **WEB** murrer-rahmen.de

Für Laien mag der Rahmen eines Kunstwerks unwichtig erscheinen, für die fundierte Expertise ist er aber von großer Bedeutung. Getreu seinem Motto „Wir geben der Kunst den richtigen Rahmen", sorgt *Werner Murrer* in seiner 500 qm Hinterhof-Werkstatt genau dafür: dass Kunst den richtigen Rahmen bekommt. Seit über 30 Jahren ist er für die Kunst unterwegs, beliefert Museen in der ganzen Welt und hat auch für junge Künstler immer ein offenes Ohr.

Experten in Sachen Rahmen wie den gebürtigen Münchner *Werner Murrer* findet man selten. Einen, der darüber hinaus seine eigene Werkstatt betreibt, noch seltener. Bei *Werner Murrer Rahmen* ist die Kunst untrennbar mit dem Handwerk verbunden. Schreiner, Holzbildhauer, Glaser, Buchbinder und Vergolder bilden zusammen mit Künstlern und Kunsthistorikern eine einmalige Symbiose aus Fertigkeiten und Expertise.

In Kunstbüchern werden Gemälde oft ohne Rahmen abgebildet. Wissenschaftlich einmalig ist dagegen Murrers digitales Archiv. Es umfasst über 100.000 Fotografien von Bildern mit ihren originalen Rahmen. Hinzu kommt eine Sammlung von 2.500 historischen Bilderrahmen. Murrer und sein Team gehen seit Jahrzehnten erfolgreich auf Spurensuche, sodass große Sammlungen, Museen und Galerien gerne seinen Rat suchen.

Studio David Lehmann

ADRESSE Kistlerhofstraße 70 — **T** 0163 237 596 2
IG @studiodavidlehmann — **WEB** studiodavidlehmann.com

2014 gründete *David Lehmann* sein Studio in München. Nach Stationen bei Marcel Wanders in Amsterdam, dem Künstler Tony Cragg in Wuppertal oder den Nendo Studios in Tokyo, füllte David seine Marke aus *Obersendling* heraus mit Leben. Sein Motto: Make the obvious unobvious by hiding it behind the obvious. Genau diese Aspekte sieht man seinen Arbeiten im Bereich Industriedesign und seinen konzeptionellen Stücken an.

Die philosophische Tiefe von Davids Herangehensweise fasziniert. Er tüftelt gerne, erarbeitet sich Ideen mit einer poetischen Sorgfalt. Was brauchen wir, wo fehlt etwas, kann mein Produkt einen Impuls geben, dass wir unser Verhalten ändern, etwa Dinge mehr wertschätzen? Diese Fragen treiben David um. Und beim Versuch, dafür die richtigen Antworten zu finden, ist es egal, ob die Ideen aus Holz, Metall, feinem handgemachten Porzellan aus Thüringen oder mundgeblasenem Kristallglas aus Böhmen gefertigt werden. Die Qualität muss stimmen. Aber auch das Bewusstwerden, dass entscheidende Details seiner Entwürfe erst klar werden, wenn diese benutzt werden, ohne diesen Mehrwert im Vorfeld kommunizieren zu müssen.

KOOPERATION

Für *Jaguar* und *Land Rover* ist wahre Nachhaltigkeit schon immer die Kombination aus anspruchsvollem Design, bester Verarbeitung und gelungener Materialauswahl. In Zeiten von schnelllebiger Massenfertigung und zunehmender Uniformität sind es herausragende Maker, Händler und Gastgeber, die anspruchsvolle Produkte und Erzeugnisse von hoher Individualität und Qualität schaffen. *Jaguar Land Rover* ist Stolz auf die Partnerschaft mit der *Makers Bible* und den hier vorgestellten Unternehmern.

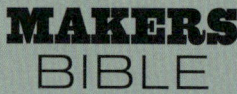

WIR FREUEN UNS AUF DIE MAKER IN MÜNCHEN UND AN ANDEREN ORTEN IN DEUTSCHLAND.

 MONTI MONACO

Rot-Weiß-Rote-Tischdecken

Monti Monaco verheißt traditionelle italienische Küche, ist Feinkostladen und Vinothek in einem – alles auf dem *Schlachthofgelände* an der *Zenettistraße*. Wer mag, kann dank einsehbarer Küche Chefkoch *Dante Esposito* bei der Arbeit zuschauen. Burrata, Artischocken, in Öl eingelegtes Gemüse aus Apulien, Dorade, Seezunge, Filetto di Manzo, Pasta – das alles genießt man am besten unterm Sonnenschirm auf der Terrasse vor dem Lokal, während die Sonne langsam hinter den Gebäuden des Großmarkts versinkt.

Zenettistraße 11
089 767 028 68

montimonaco.de
@montimonaco

26 **ALTE UTTING**

Schiff auf Brücke

Ein ausrangierter Ausflugsdampfer vom *Ammersee* steht seit 2018 auf einer alten Eisenbahnbrücke im *Münchner Süden*. Mehr muss man nicht sagen. Das ist schräg - und verdammt toll. Im Rumpf des Schiffes befindet sich der Maschinenraum, heute Kleinkunstbühne. Im Heck- und Bugsalon der *Alten Utting* ist Platz zum Speisen und Trinken. Ein Highlight ist der Außenbereich mit Piratenbucht und Biergarten. Saugemütlich, die Küche handfest, modern, lecker. Am Wochenende gibt's bayrisches Weißwurstfrühstück. *Prost, Ahoi!*

Lagerhausstraße 15   alte-utting.de
089 707 770   @alteutting

24 **FRISCHES BIER**

Wer das Bier warm serviert kriegt nen Satz heiße Ohren
Frisches Bier aus insgesamt 14 Zapfhähnen, nicht von Großbrauereien. Kein Wunder, steckt doch *Tilman Ludwig*, selbst Kleinbrauer dessen Biersorten in München eine große Fangemeinde haben, hinter *Frisches Bier*. Neben Tilmans eigenen Bieren geben sich hier weitere handwerkliche Brauereien mit Ales, Pils, Stouts, Märzen, Sours oder IPA's die Ehre. Die kleine Speisekarte sorgt für die nötige Grundlage. Wer zu Hause auf dem Trockenen sitzt, geht nebenan an die Bierkiste. Eine Trinkhalle für ein Stehbier – oder eben zum Mitnehmen. Die Auswahl ist grandios.

Thalkirchner Straße 53   frischesbier-muenchen.de
0176 840 340 05   @tilmansbiere

27 GASTSTÄTTE GROSSMARKTHALLE

Weißwurst-Instanz

Die Geschwister *Gabi Walter* und *Ludwig Wallner* betreiben die Gaststätte unter dem liebevoll sanierten Kannengewölbe bei der *Münchener Großmarkthalle*. Zwischen Holzvertäfelung und Herrgottswinkel herrscht Wirthausatmosphäre. Gemütlich, bayrisch. Und eine gewisse Wurstigkeit. Ja, denn hier gibt´s die Münchner Weißwurst in Vollendung. Gefolgt von Wollwurst, Briesmilzwurst, Kalbsbratwürstln und Geräuchertem. Eine traditionelle, deftige Küche wie aus Omas Kochbuch. Das hält Leib und Seele zusammen. Versprochen.

Kochelseestraße 13   gaststaette-grossmarkthalle.de
089 764 531   @gaststaette.grossmarkthalle

25 ROECKLPLATZ

Genuss und Verantwortung

Die Location ist genial: Ein Riesenspielplatz vorne, drinnen die Wände voller Regale (und Gewürze), der Garten ein Kleinod und, das wichtigste, alles, was am *Roecklplatz* aus der Küche kommt, erfreut Veganer und Vegetarier ebenso, wie die, die es nicht sind. Das besondere allerdings: Dies ist ein Ausbildungsbetrieb für junge Leute, die aufgrund ihrer Biographie bisher kaum Chancen auf dem Arbeitsmarkt hatten. Die Möbel sind u.a. von Thonet und ClassiCon gespendet und über die Webseite kann auch jeder zufriedene Gast einen zusätzlichen Obolus für die Gute Sache leisten.

Isartalstraße 264   roecklplatz.de
089 452 171 29   @roeckl.platz

28 SALUKI

Wilder Mix

Nein, keine italienische Region und auch keine Delikatesse: *Saluki* ist lediglich der Spitzname des Gastgebers. Das Restaurant verbindet Gerichte, deren Herkunft quer über den Globus verteilt ist, mit Zutaten lokaler Zulieferer. Fenchellachs mit eingelegten Karotten, Spargel mit Erdbeersalsa und Kerbel, chinesischer Schweinebauch mit Wirsing, Miso und Meerrettich.

Kulinarische Anarchie in allen Facetten. Hingehen und ausprobieren, etwa beim Pizza- und (Craft-)Biertag. Natürlich, wenig überraschend, gibt's auch leckere Bio-Naturweine.

Thalkirchner Straße 130   facebook.com/salukipizza
0176 632 647 89   @saluki_thalkirchner_130

29 **BEIRUT BEIRUT**

Echte libanesische Küche

Echtes libanesisches Essen bringt *Khudor Lamaa* aus seiner Heimat nach München. Als Vorbild dienen ihm die Falafel-Läden in *Beirut*. Und so gibt es in *Sendling* nun die besten Falafel der Stadt. Herrlich knusprig, vollendet gewürzt. Außerdem orientalische Sandwiches, Tabouleh, Fattoush, Hummus, Baba Ganoush und Mutabal. Frisch und zum Niederknien. Wem jetzt das Wasser im Mund zusammenläuft, aber nicht weiß, was er nehmen soll: Bestellt einfach den *„Teller mit Allem"* und esst Euch glücklich.

Lindenschmitstraße 18   beirutbeirut.de
089 540 458 69   @beirutmuc

(TIPP)

WOCHENMÄRKTE

True Food Trucker. Noch lange bevor es kultig wurde, aus einem Wagen heraus auf die Hand zu verkaufen, gab es fahrende Marktstände. In München gibt es sie zahlreich und zum Glück an fast jedem Wochentag woanders. (Öffnungszeiten, Termine und Hygiene-Regeln findet man auf muenchen.de) ‚Kauf Lokal' regional interpretiert. Adressen aller Anbieter und aktuelle Informationen finden Sie hier:
muenchner-bauernmaerkte.de
muenchnerwochenmaerkte.de/maerkte

DIENSTAG
NEUHAUSEN 10.00 h, St. Benno Kirchplatz
MAXVORSTADT 11.00 h, Josephsplatz

MITTWOCH
AU 7.00 h, Mariahilfplatz (da, wo auch die Dult ist)
NEU-HARLACHING/GIESING 14.00 h, Magfallplatz

DONNERSTAG
BOGENHAUSEN 8.00h, Rosenkavalierplatz
SCHWANTHALER HÖHE/WESTEND 10.00 h
Georg-Freundorfer-Platz
LEHEL 10.30 h, St. Anna Platz
UNTERGIESING 12.00 h, Hans-Mielich-Platz

FREITAG
LAIM 7.30h, Agnes-Bernauer-Straße, Am Laimer Anger
SCHWABING-WEST 13.00 h, Ackermannbogen
Ecke Georg-Birk-Straße
SOLLN 8.00 h, Fellererplatz
NEUHAUSEN 10.00h, Rainer-Werner-Fassbinder-Platz

SAMSTAG
AU 7.00 h, Mariahilfplatz
PERLACH 7.00 h, Pfanzeltplatz

WESTEN

Es liegt dieser süßlich-malzige Duft in der Luft. Ein untrügliches Zeichen, dass Bier gebraut wird. Der Westen Münchens ist nicht wild, aber Brauereiland. Augustiner, Paulaner und Spaten-Löwenbräu, wobei letztere strenggenommen noch in der *Maxvorstadt* liegt. Kein Wunder, dass mit Augustiner und Hirschgarten die beiden größten Biergärten der Stadt hier zu finden sind – 15.000 Plätze warten auf durstige Kehlen. So hat man es nie wirklich weit, um an ein frisch gezapftes Bier zu kommen.

Die einst als Arbeiterviertel angelegte *Schwanthalerhöhe* und das *Westend* sind gemessen an ihrer Fläche die am dichtesten besiedelten Gebiete Münchens. So hat man jede Menge Gelegenheiten, um Hinterhof-werkstätten und (alternative) Gastronomie zu entdecken.

MÜNCHEN WESTEN

DA BRAUT SICH
WAS ZUSAMMEN

MAKER

44 Mayer'sche
Hofkunstanstalt
Seidlstraße 25

45 BalaBeni Werkstatt
Seidlstraße 28

46 Dingdsein
Blutenburgstraße 82 RGB

47 Studio Munique
Tulbeckstraße 22

48 Detlev Diehm Bespoke
auf Anfrage

49 Pasta di Monaco
Astallerstraße 13

50 Annika Schüler
Guldeinstraße 28

51 Porzellan Manufaktur
Nymphenburg
Nördliches
Schloßrondell 8

HÄNDLER

35 Gerard Wiener
Fotoreparatur
Landwehrstraße 12

36 A Happy Place
Parkstraße 4

GASTGEBER

30 Herzblut
Die Sandwichmacherei
Goethestr. 36

31 Bar Gabányi
Beethovenplatz 2

32 Lenz
Pettenkoferstraße 48

33 Emilo Kaffee
Gollierstraße 14

34 SAM - sushi and meat
Ligsalzstraße 30

35 Jolandas Vinothek
Kazmairstraße 28

36 Sehr wohl
Westendstraße 66

37 Das Kulinariat
Schwanthalerstraße 143

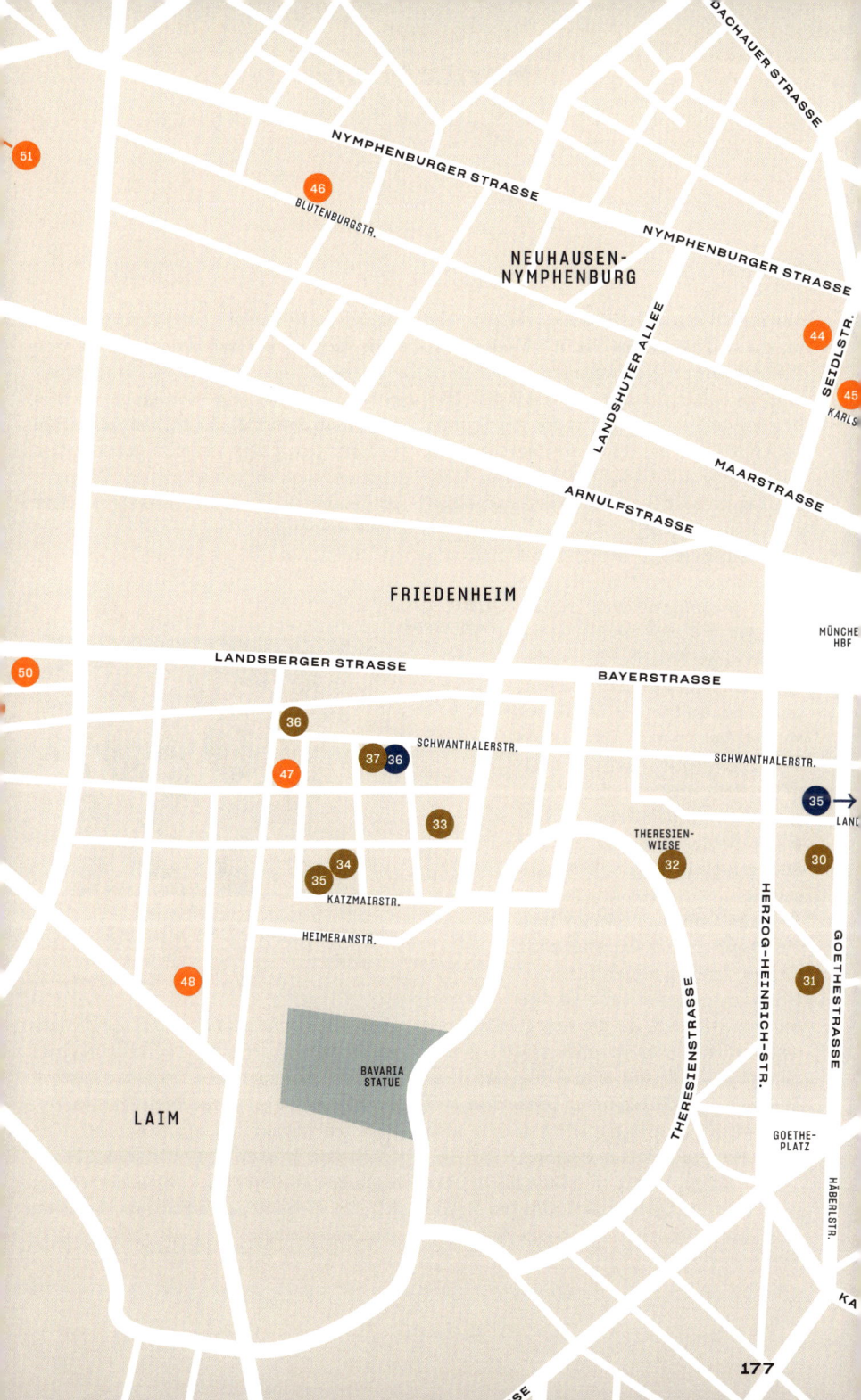

NYMPHENBURGER STRASSE

51

46
BLUTENBURGSTR.

NEUHAUSEN-
NYMPHENBURG

NYMPHENBURGER STRASSE

LANDSHUTER ALLEE

44

45
KARLS

MAARSTRASSE

ARNULFSTRASSE

FRIEDENHEIM

MÜNCHE
HBF

50

LANDSBERGER STRASSE

BAYERSTRASSE

36

SCHWANTHALERSTR.

SCHWANTHALERSTR.

47

37 36

33

35

35 34
KATZMAIRSTR.

HEIMERANSTR.

THERESIEN-
WIESE

32

35 →
LAND

HERZOG-HEINRICH-STR.

30

GOETHESTRASSE

48

31

BAVARIA
STATUE

LAIM

THERESIENSTRASSE

GOETHE-
PLATZ

HABERLSTR.

KA

Moritz Fuchs

MIT DEM CAFE RACER DURCH MÜNCHEN

Moritz ist Biker. Seine *Kawasaki Z650* hat er, wie sich das gehört, natürlich selbst restauriert. Die Empfehlungen in diesem Buch sind im Idealfall zu Fuß oder mit dem Rad bequem anzusteuern. Aus diesem Grunde haben wir uns bei ihm informiert, wie ein *Coffee Racer* und Gleichgesinnte ihren idealen Tag im Münchner Großstadtdschungel gestalten würden.

Moritz Fuchs ist Erfinder und Organisator der *New Heritage* Messe in *München* und *Düsseldorf.* Als er damals anfing seine Vision einer Besuchermesse für „*Qualität, Handwerk und Zeitloses*" zu planen und in die Tat umzusetzen, haben auch wir gerade daran gearbeitet, das erste Buch dieser Reihe zu kuratieren und zu gestalten. Seitdem kreuzten sich die Wege der *New Heritage* und *Makers Bible* in regelmäßigen Abständen.

Dann kam das Frühjahr 2020 – und auf einmal war alles ganz anders. Die kombinierte Indoor-Outdoor-Veranstaltung konnte nicht stattfinden, für die New Heritage bedeutete das ihr Aus. Besonders bitter: Just in diesem Jahr wäre die Messe aufgrund ihres Zuspruchs in München und Düsseldorf weitergewachsen, und natürlich waren auch schon weitere Events in Planung.

Das Echte, Wahre und Gute bleibt aber weiterhin die Leidenschaft, für die Moritz jede Menge übrig hat. Sei es sein eben nicht nagelneues Bike oder sein *T3 Camper*, in dem er die Nacht vor der ersten New Heritage noch auf dem Gelände, wenn auch nur kurz, geschlafen hat oder seine Garderobe. Bei ihm spürt man sofort dieses stilsichere Gefühl für Handgemachtes. Bei handgearbeiteten, schönen, qualitativ hochwertigen Dingen sieht man weniger einen Trend als vielmehr eine Bewegung.

WEB
foxnfriends.de

SEINE LEIDENSCHAFT IST DAS ECHTE, WAHRE UND GUTE

So wie Fuchs als *Leitwolf* (Leser*innen mögen diese Wortmalerei verzeihen) eines ausgesucht kompetenten Teams das Festival organisiert hatte, so macht er jetzt weiter. Die Ärmel hochkrempeln und sich auf seine Vision und Stärken konzentrieren. Der gelernte Brand- und Projekt-Manager wendet sich jetzt wieder neuen Aufgaben zu. Es dürfte spannend bleiben.

Indian

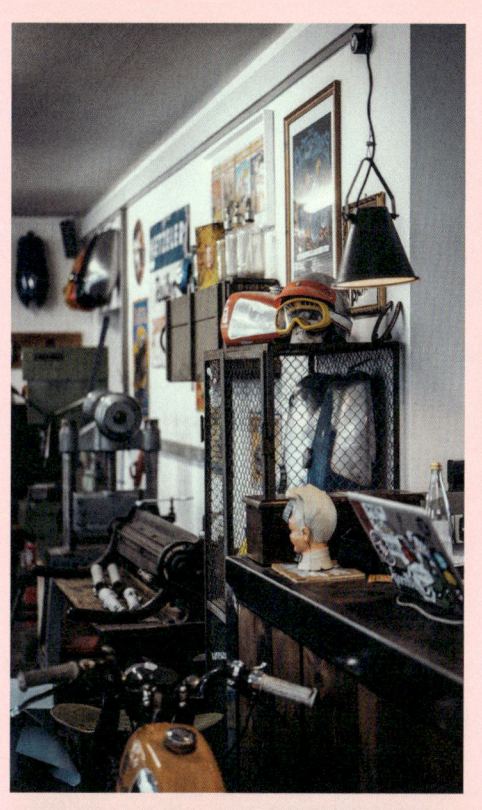

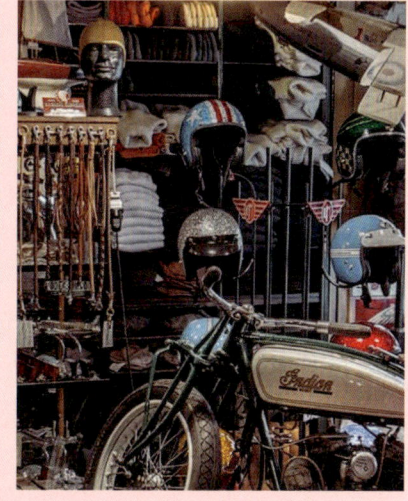

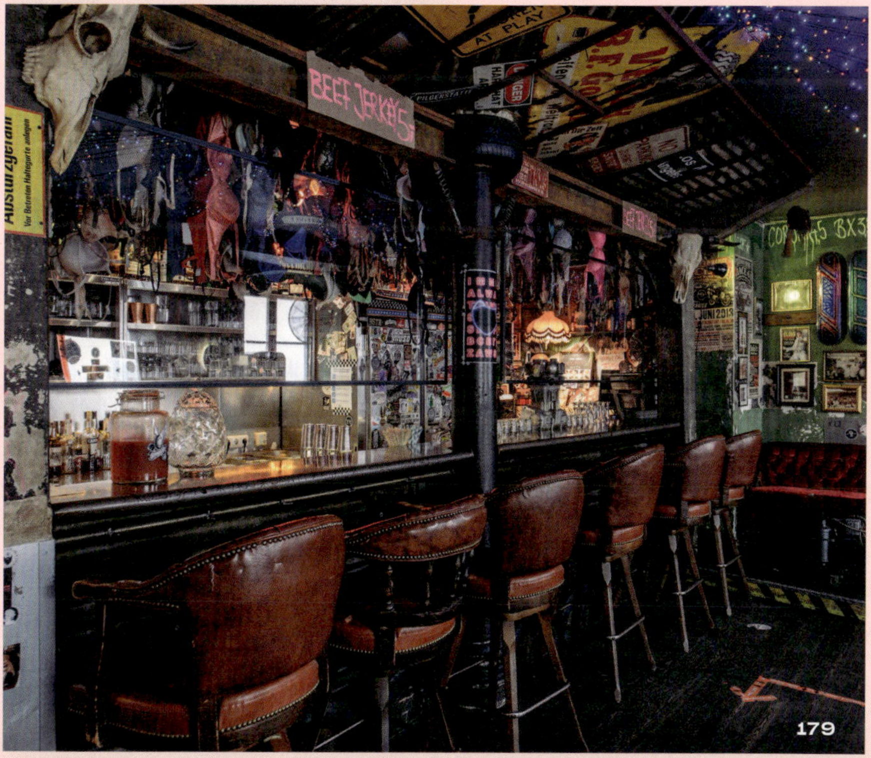
AT PLAY
BEEF JERKY 5
JUNI 2013

LOOSE SCREW

Nicht jeder Motorradfahrer ist handwerklich begabt oder hat eine besondere Affinität zu Mechanik und Technik. Dies haben auch die Jungs von *Loose Screw* erkannt und einen Ort zum gemeinschaftlichen Schrauben geschaffen. Hier findet man immer eine helfende Hand, wertvolle Tipps und eine entspannte Atmosphäre, in der man über die nächsten Projekte fachsimpeln kann.

loosescrew.de — @loose__screw

BRUMMM

Dass Motorrad auch Kunst und Kultur ist, zeigt *Hermann Köpf* mit seinem Magazin *Brummm*. Es geht nicht nur um die Ästhetik, sondern auch die vielen verschiedenen Facetten und Menschen, die diese Motorradkultur mit Leben füllen. Bild für Bild taucht man in diese Kultur ein. Es ist kein Magazin, das man nur mal eben durchschaut. Es liegt gut erreichbar auf dem Kaffeetisch und will immer wieder in die Hand genommen, gelesen und angeschaut werden. So sieht Entschleunigung aus.

brummm.com — @brummm_chronicles

UPDN LEATHER

Pflanzlich gegerbtes Leder aus Deutschland und britisches Canvas Twill sind die wichtigsten Rohstoffe, mit denen *Charles Cox* seine Taschen fertigt. In seinem kleinen Atelier fertigt er die Taschen Schritt für Schritt – in Handarbeit, versteht sich. Nicht nur das ist einen Besuch seines Ladens wert. Vor allem kann man sich seine (Reise-)Tasche ganz nach den eigenen Wünschen anpassen lassen, damit sie auch für alle Lebenslagen der perfekte Begleiter ist.
(Seite 136)

updn-leathergoods.com — @updnleathergoods

VESBAR

Ein kerniger Zweitaktgeruch liegt in der Luft, dem Auge präsentieren sich reihenweise italienische Kultroller. Hier in der *Maistraße* dreht sich alles um die *Vespa*. Die Vesbar ist Werkstatt und Treffpunkt für Gleichgesinnte. Und mit Sicherheit hat sie auch ihren Teil dazu beigetragen, dass die kleinen italienischen Roller mittlerweile fest in's Münchner Stadtbild gehören und so für die Extraportion *Dolce Vita* in der nördlichsten Stadt Italiens sorgen.

vesbar.de — @vesbar_muenchen

BAR SEHNSUCHT

An der Wand prangt ein Motorrad, über der roten Ledercouch zieren Pin-up Girls-Plakate die Wände, und man findet bei der Einrichtung immer wieder Gegenstände, die man eher bei einer gut sortierten Motorradwerkstatt verorten würde. Bei dieser Atmosphäre reichen ein Bier und ein paar benzinhaltige Gespräche, um aus dem klassischen Münchner Alltag zu flüchten.

bar-sehnsucht.de — @rubycph

Mayer'sche Hofkunstanstalt

ADRESSE Seidlstraße 25 — **T** 089 545 962 0
IG @mayerofmunich — **WEB** mayersche-hofkunst.de

Weltweit zählt die *Mayer'sche Hofkunst-anstalt* seit 1847 zu den führenden Werkstätten für Glasmalerei und Mosaik. Renommierte Künstler wie Kiki Smith, Georg Baselitz oder Vik Muniz schätzen die weitläufigen Ateliers und Werkstätten im Herzen Münchens als Spielwiese zwischen Material-Eldorado und High-Tech-Labor zur Umsetzung ihrer Visionen. Erstmals in der Geschichte des Familienunternehmens bietet die *Mayer'sche Wunderkammer* in der ehemaligen Pförtnerloge des 1923 errichtete Theodor-Fischer-Gebäudes privaten Interessenten ausgewählte Objekte zum Kauf: Neben der international hochkarätigen Jubiläums-Edition von 17 Mayer'schen Lieblingskünstler*innen finden Sie hier antike wie neu geschaffene Objekte des Hauses und seiner bewegten Geschichte.

Für die Darbietung zeigt sich *Petra Mayer* verantwortlich, die gemeinsam mit ihrem Mann *Michael Mayer* das Haus in fünften Generation leitet. In ihrer *Wunderkammer* mischt die ausgebildete Architektin spielerisch schöne und geheimnisvolle Dinge, um etwas Unerwartetes entstehen zu lassen.

BallaBeni Werkstatt

ADRESSE Seidlstraße 28 — **T** 089 905 441 86
IG @ballabeni_icecream — **WEB** ballabeni.de

Traditionelle Herstellung italienischer Eissorten, die unvergleichlich cremig und natürlich im Geschmack sind. Mit dieser Philosophie eröffnete 2006 der aus Padua stammende *Giorgio Ballabeni* im Familienverbund mit Frau Lorella und Sohn Alberto seine erste Eisdiele in der *Theresienstraße*, die man ganz einfach findet, indem man sich hinten in die Schlage stellt. Gäste der umliegenden Gastronomie verlegen ihr Dessert seitdem regelmäßig auf ein „Verdauungsanstehen" für ein *Ballabeni-Eis*.

2013 eröffnete die Manufaktur in der *Seidlstraße*. Das Besondere: Hier wird nicht nur das eigene Eis gemacht, hier wird der Eis-Kult auf die Spitze getrieben. Haben sich viele Münchner nicht zuletzt wegen der *Ballabenis* eine Eismaschine gekauft, hier können sie samt eigener Maschine einen Eiskurs belegen. Betreutes Genießen mit handwerklicher Anleitung. Die *Ballabeni Eismanufaktur* ist das anschauliche Beispiel eines Erfolgsrezepts: Handwerk und Knowhow gehen Hand-in-Hand mit computergesteuerten Eisrührmaschinen. Aber erst die eigene Vision „nur anzubieten, was man selber essen möchte" und die Reinheit von Lehre und Zutaten führen zu unangefochtener Einzigartigkeit.

Dingdsein

ADRESSE Blutenburgstraße 82 RGB — **T** 0177 713 562 9
IG @dingdsein — **WEB** dingdsein.de

Alltagsgegenstände, die alles andere als alltäglich sind. Genau das fertigt *Michael von Stosch*, Handwerksdesigner, Metallbaumeister und Kunstschmied. Die Werkstatt des 2018 mit dem Bayerischen Staatspreis für Handwerk – für sein Koch-Messer „turned" – ausgezeichneten von Stosch findet man in der *Blutenburgstraße* im Stadtteil *Neuhausen*. Hier hat auch sein Labels *Dingdsein* seinen Ursprung. Dieser Begriff steht für Design und Fertigung von Dingen, die mit der Zeit ihrer Benutzung für ihre Besitzer an emotionalem Wert gewinnen.

Michaels Formensprache ist durchweg modern bis avantgardistisch, immer schlicht und funktional. Design von morgen eben, welches sich heute schon dem Über-morgen stellt. Ihn dabei auf Messer oder Küchen-Accessoires zu reduzieren wäre voreilig – auch wenn es unserer Redaktion vor allem seine Messer angetan haben. Neben Metall verarbeitet er Steingut (Espressotassen), Holz (Streichholz-But-termesser aus Hainbuche) oder fertigt aus Kirschholz die Tischlampe Cherry, deren extrem dünn verarbeitetes Furnier kaltes Licht in wohlig-warmes verwandelt.

Studio Munique

ADRESSE Tulbeckstraße 22 — **T** 0176 303 068 67
IG @studiomunique — **WEB** studiomunique.com

Bei *Studio Munique* dreht sich alles um Handgemachtes. Hier im Münchner *Westend* kreiert Inhaber *Stefan Geisberger* feinste Lederwaren mit höchstem Designanspruch. Dem Stil schenkt er dabei genauso viel Aufmerksamkeit wie der Langlebigkeit seiner Produkte. Diese Nachhaltigkeit sieht man seinen Tote Bags, Schlüsselanhängern, Taschen, Messerscheiden oder Handy-Etuis auch an. Handgenäht, robust, zeitlos – und somit der ideale Begleiter für den Alltag.

Stefan ist ein neo-typischer Maker. Seinen klassischen Office Job hat er hinter sich gelassen, um sich Handfestem zu widmen. Am Ende des Tages sieht er genau, wie gut und fleißig ihm die Arbeit von der Hand gegangen ist. Sein Signature Piece ist für uns seine Arbeitsschürze aus solidem Denim, kombiniert mit fein abgesetzten Lederriemen. Die passt in die Werkstatt genauso wie in die Küche.

Die Verbindung zu „früher" hat Stefan jedoch noch nicht ganz gekappt. Das Studio bietet auch eine Anlaufstelle für Markendesign, speziell für Unternehmen, deren Produkte ein außergewöhnliches Look & Feel haben sollen.

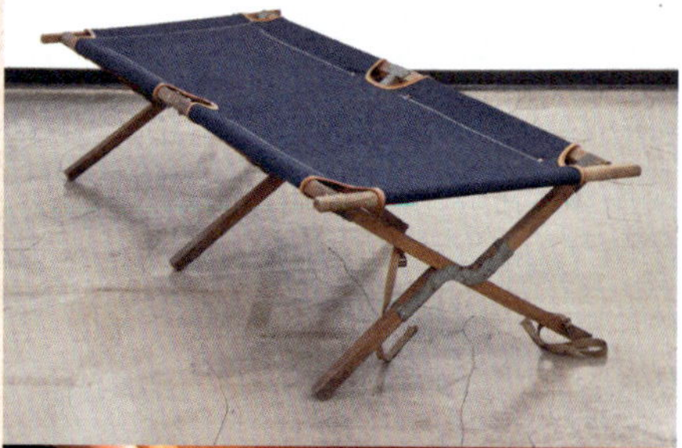

Pasta di Monaco

ADRESSE Astallerstraße 13 — **T** 0160 896 240 1
IG @pastadimonaco — **WEB** pastadimonaco.de

Wer glaubt, dass die *Pasta di Monaco* von Franz Münchinger inspiriert wäre, liegt falsch. Geschmeckt hätten ihm die frischen, handgemachten Pastaspezialitäten aus dem *Westend* aber gewiss. Richtig hingegen ist, dass die Münchner Pastamacher von heimischen Getreide- und Gemüsesorten inspiriert wurden und ihre Mehle von der letzten noch mahlenden Mühle der Stadt beziehen, der Hofbräuhaus-Kunstmühle Jakob Blum. Das ist nur konsequent, tut der Vielfalt jedoch keinen Abbruch. Schließlich sind mit Kamutmehl, Emmermehl, Oberkulmer Rotkorn Dinkelmehl oder hochwertigem Hartweizengrieß den Pastavariationen keine Grenzen gesetzt. Die Füllungen werden ausschließlich mit der Hand geschnitten und schonend zubereitet. Auf Bindemittel wird bewusst verzichtet, die Qualität ist oberste Pflicht. Auch die Ravioli kommen ohne Kartoffelflocken, Kartoffelmehl oder sonstige Zusatzstoffe aus. Deshalb muss man bei der *Pasta di Monaco* auch schnell sein, weil sie frisch ist. Also beim Zubereiten und Servieren nicht trödeln. Genießen darf man dann aber gewohnt langsam.

Die *Pasta die Monaco* beliefert bereits zahlreiche Münchner Gastonomen, seit März 2020 auch Privathaushalte.

Detlev Diehm Bespoke

ADRESSE auf Anfrage — T 0172 707 652 6
IG @diehmbespoke — WEB diehmdesign.eu

Für einen Maßanzug spricht einiges, allem voran unser Körper. Von Natur aus nicht symmetrisch, über die Jahre einem gewissen Wandel unterworfen, und wer auf einmal anfängt, sich im Fitness-Studio zu stählen oder von heute auf morgen den Alkohol weglässt... Mal ehrlich, eigentlich spricht alles dafür den Design-klassiker dem eigenen Körper perfekt anzupassen. So landen wir unweigerlich bei *Diehm Bespoke*, gegründet 2017 von *Detlev Diehm*. Der Maßschneider bringt viel Erfahrung mit. Als Modedesigner, Produktmanager und Kreativdirektor; in Deutschland, Italien und Belgien; bei Valentino Couture Uomo, Fabio Inghirami und Hugo Boss; für Michael Caine, Roger Moore oder Richard Gere.

Aus der Erfahrung wächst die Tugend: *Diehm* ist ein aufmerksamer Zuhörer. Ehe die 60-80 Arbeitsstunden beginnen, wird beraten, die Vorauswahl der Stoffe getroffen, ein Stil skizziert, Maße genommen. Drei Wochen später erfolgt die erste Anprobe. Sie wird nicht die letzte bleiben. Nach etwa acht Wochen ist das, was einst auf einem weißem Blatt Papier begann, vollendet: der eigene Maßanzug. Und mit ihm die Brust des Trägers ein wenig breiter.

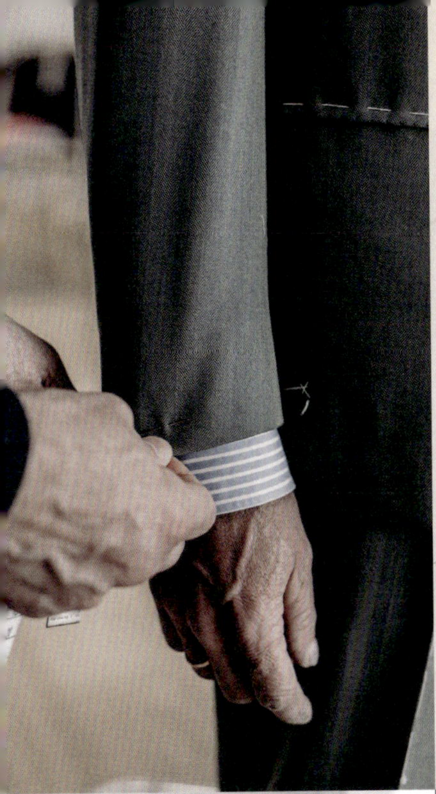

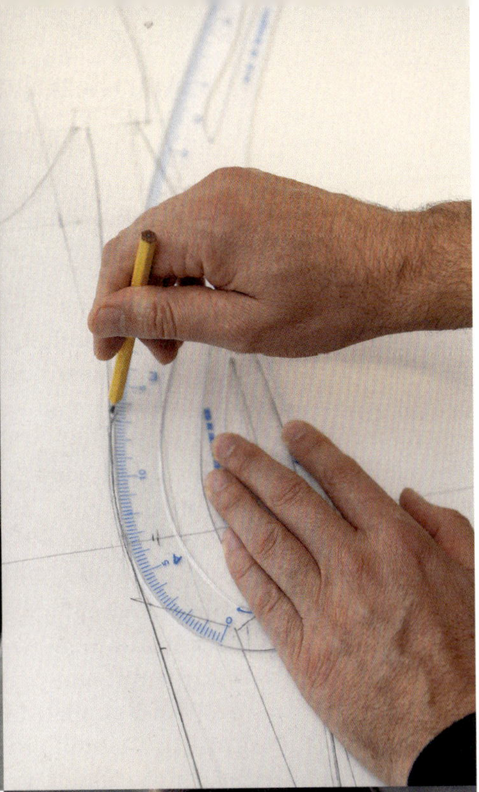

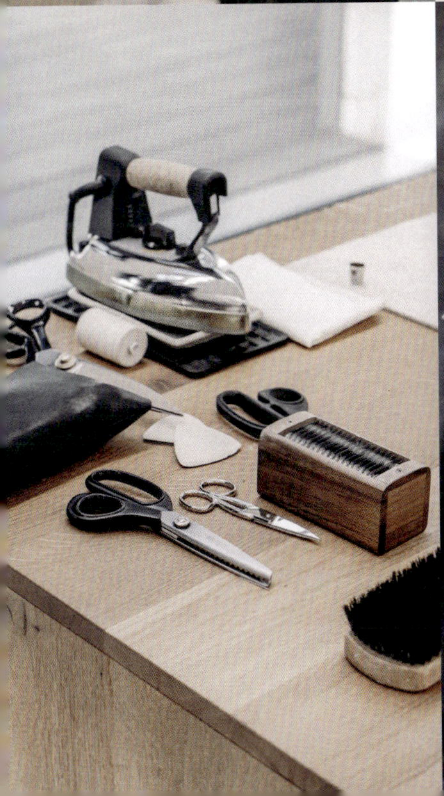

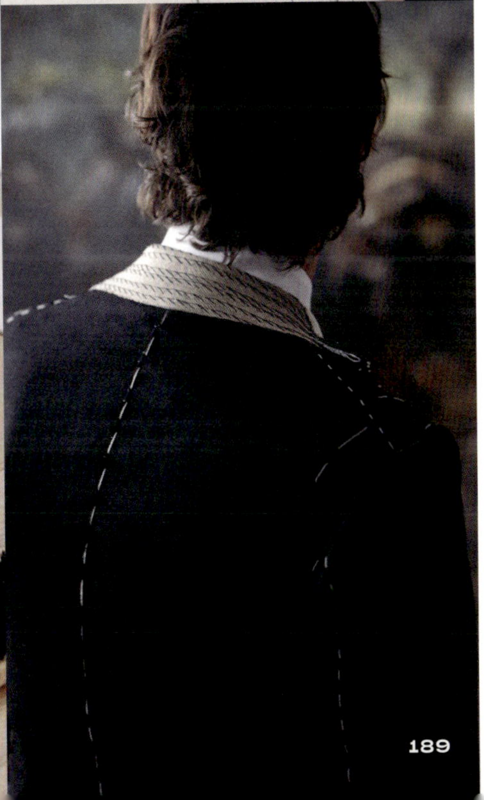

Annika Schüler

ADRESSE Guldeinstraße 28 — T 089 716 960 56
IG @annikaschueler_porcelain — WEB annikaschueler.de

Feine Linien, zarte Formen und der Charakter des Handwerks – *Annika Schüler Porcelain* ist eine Ein-Frau-Manufaktur, die Unikate entstehen lässt, denen man ihren Entstehungsprozess ansieht. Mit Leidenschaft und Liebe zum Detail, von der Idee bis zum fertigen Stück. In freier Handarbeit fertigt *Annika Schüler* überwiegend Tischgeschirr aus englischem Porzellan, das sich vor allem durch eine gleichmäßige Dichte und reinstes Weiß auszeichnet. Während Porzellan oftmals in Formen gegossen wird, dreht sie die meisten ihrer Stücke ganz klassisch auf der Töpferscheibe – alles Einzelstücke.

Für Kunden ist *Annika Schüler* vor allem eine sehr gute Zuhörerin. Aus deren Informationen entwickelt sie ein Konzept. Restaurantbesitzer etwa bringen Bilder ihres Interieurs und der Speisen mit. Dann wird entschieden, ob sich das Geschirr entweder perfekt in die Umgebung anpasst oder stimmig abhebt. Dabei setzt sie auf traditionelle Farben, Formen und Dekore, die sich bestens in einen modernen Kontext einfügen.

Vor allem für ‚Briefings‘ nimmt sich die Keramikmeisterin bereitwillig Zeit. Besucher sind gern gesehen, sollten sich aber nach Möglichkeit kurz ankündigen.

Porzellan Manufaktur Nymphenburg

ADRESSE Nördliches Schloßrondell 8 / Odenonsplatz 1 — **T** 089 179 197 0
IG @porzellanmanufakturnymphenburg — **WEB** nymphenburg.com

Die *Porzellan Manufaktur Nymphenburg*, 1747 von der bayerischen Königsfamilie gegründet, befindet sich seit 1761 auf dem Gelände von *Schloss Nymphenburg*. Wir durften die traditionellen Werkstätten besuchen, in denen noch ausschließlich von Hand gearbeitet wird und deren Mühlen, Rührbottiche und Drehscheiben seit ehedem mit Wasserkraft aus dem angrenzenden Bach betrieben werden. Außergewöhnlich: es handelt sich um die einzige Produktionsstätte der Manufaktur weltweit.

In den Werkstätten spürt man einen konzentrierten, aber auch gelassenen Umgang mit der eigenen Handwerkskunst.

Das traditionelle Fertigen ist hier schlichtweg lebendige Realität und das Porzellan seit jeher nach streng geheimer Rezeptur gefertigt. Ob es Zufall ist, dass der Hüter jenes Geschäftsgeheimnisses auf den Namen Zeus hört? Wir wissen es nicht. Aber er ist es, der die Rohmasse von Hand herstellt, portioniert, lagert und dann in die Dreherei und Formerei bringt.

In der Manufaktur wird mit Techniken gearbeitet, die seit über 200 Jahren etabliert sind und dennoch von verschiedenen Meistern immer weiter verfeinert und in neue Modellvarianten überführt wurden. Genau so geht Handwerk.

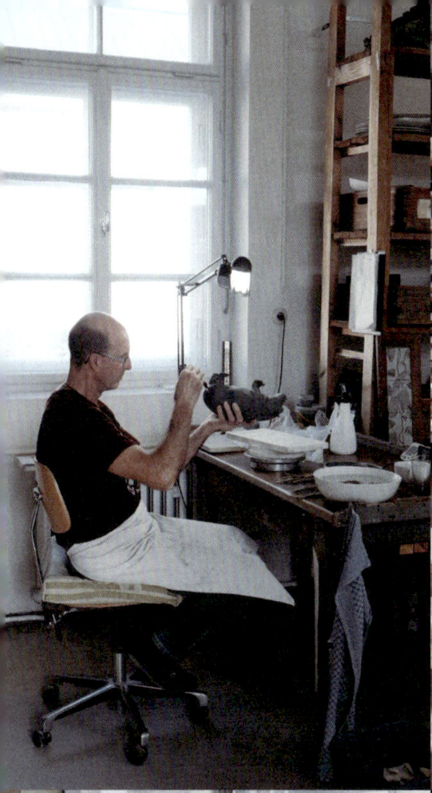

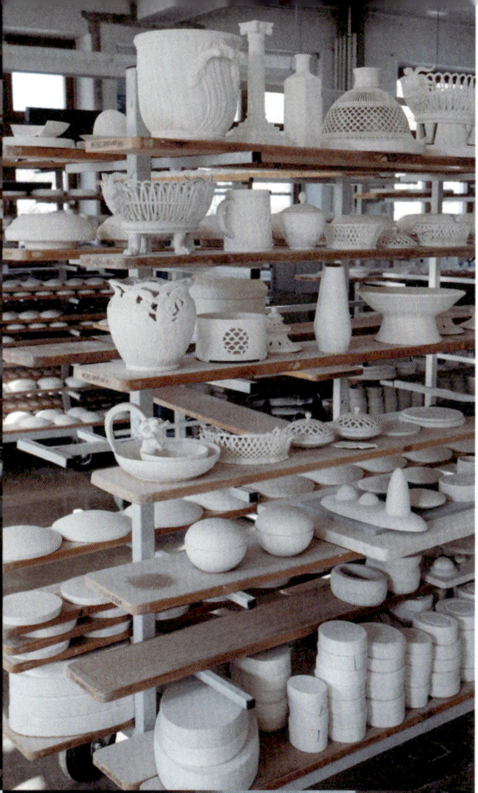

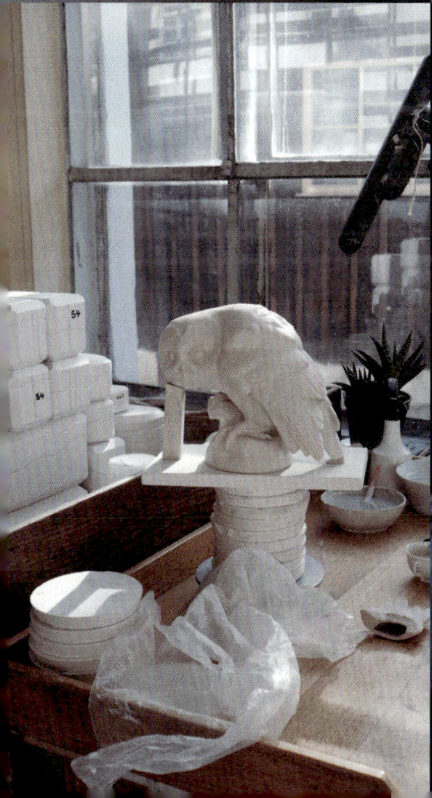

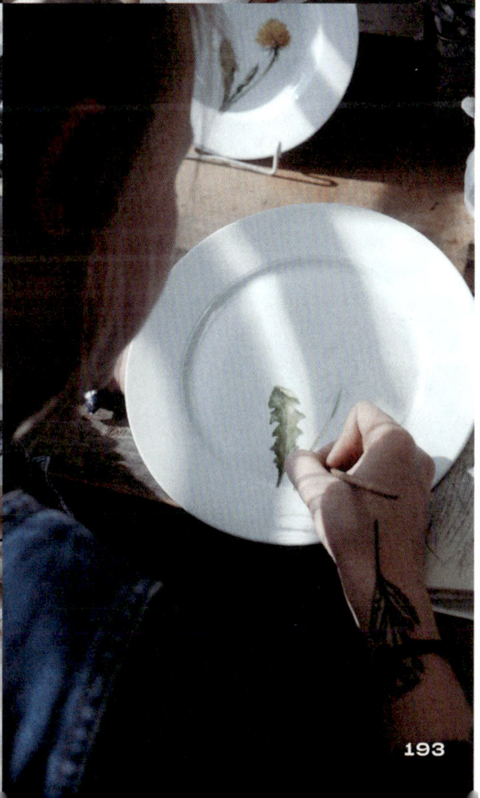

Wiener Fotoreparatur

35

ADRESSE Landwehrstraße 12 — **T** 089 595 072

Gerard Wiener ist eine Legende. Für Freunde analoger Fotografie und klassischer Kameras von Leica, Rollei, Hasselblad oder Nikon ist sein Laden in der Landwehrstraße ein heller Fixpunkt. Herr Wiener repariert seit vier Jahrzehnten mechanische Kameras und überhaupt Apparate, wie VHS Videorekorder. Zudem verkauft er natürlich Vintage-Kameras und Optiken. Ersatzteile, die er nicht irgendwo liegen hat, fertigt er selbst. So ist er natürlich Anlaufpunkt für Stammkunden. Nach einem extremen Abwärtstrend, als Digitalkameras en vogue wurden, kommen analoge Kameras in den letzten Jahren wieder. Erbstücke oder Flohmarkt-Fundstücke: Früher oder später führt kein Weg an *Gerard Wiener* vorbei.

Ein wenig erinnert der gebürtige Franzose vom Aussehen an Jean Gabin, und der kleine Laden, der zugleich Werkstatt und Ersatzteillager ist, erinnert an die Uhrmacherwerkstatt von H.G. Tannhaus aus der Serie Dark. Nur beginnt die Zeitreise hier allerdings schon beim Betreten des Geschäfts: Seit der Eröffnung 1973 hat sich wenig verändert. Der Zusatz ‚Schnellservice' in der Firmen-Bezeichnung zeugt daneben von der Erkenntnis, dass Zeit relativ ist. Eine Wohltat.

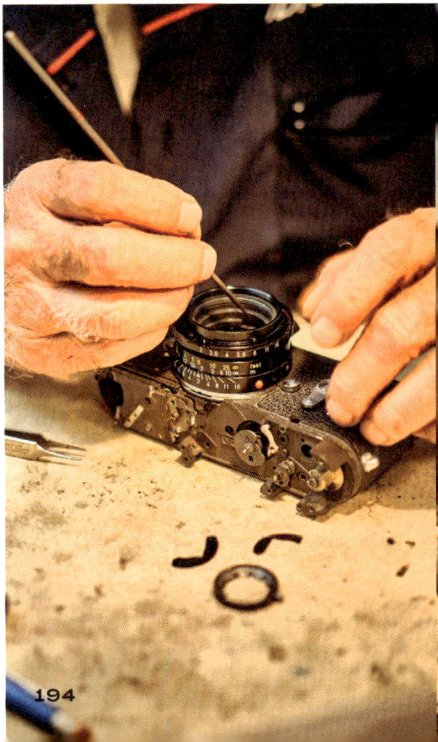

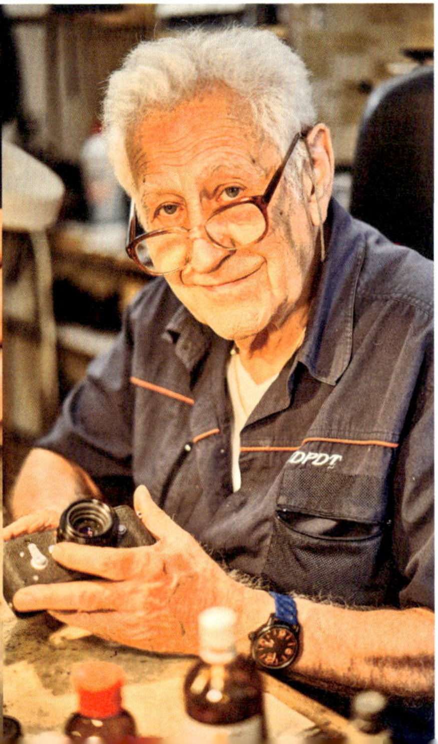

H
Ä
N
D
L
E
R

Concept Store

A Happy Place ist kein klassischer Einzelhandel, sondern eher ein Ort von Kreativen für Kreative. Die Initiatorin und Inhaberin *Phaedra*, selbst Designerin, kämpfte oft damit, dass Kleinproduktionen und Handarbeit so wenig Wertschätzung erfahren. Ihr Motto: *„Eine gute Idee zu haben, ist eine Sache. Sie zu verwirklichen, eine andere."*

Deshalb bietet Phaedra den Ideenrealisateur*innen mit ihrem Concept Store eine Plattform. Schuhe, Taschen, Keramik, Kosmetika, Kleidung – handgemacht, ausgesucht, hochwertig. Hinter jedem Produkt steckt viel Arbeit und Leidenschaft – und immer eine Geschichte.

Parkstraße 4   ahappyplace.store
0176 848 681 45   @ahappyplace.store

TIPP

BIERGÄRTEN

Biergärten gehören zu München wie die weiß-blauen Rauten zu Bayern. In einem echten Biergarten darf der Gast, zumindest in einem begrenzten Teil, seine Speisen selbst mitbringen und verzehren. In einem Gastgarten hat ausschließlich der Wirt das Privileg, Essen anzubieten. So sollte es aber auf jeden Fall sein: Schattiger Platz, kühles Bier, Kies unter den Füßen und angenehme Tischnachbarn.

BIERGARTEN VIKTUALIENMARKT
alternierend alle Bier-Sorten (U3, U6 Marienplatz)

WINTERGARTEN
Elisabethplatz, Augustiner (Tram 27+28)

PAULANER AM NOCKHERBERG
Hochstraße 77 (Tram 18 Ostfriedhof)

ZUM FLAUCHER
Löwenbräu, Isarauen (U3 Brudermühlstraße)

AUGUSTINER BIERGARTEN
Arnulfstraße 52 (Hauptbahnhof)

TAXISGARTEN
Hofbräu, Taxisstraße 12 (U1, U7 Gern)

W
E
S
T
E
N

32 **LENZ**

Schank- und Speiselokal

Bayerische und thailändische Küche. Tatsächlich verfügt das *Lenz* über zwei Köche, einer davon ist Thailänder, und so ist hier wirklich alles frisch und authentisch, egal ob Krustenbraten oder das köstliche Pad Kra Pao. Das Personal unter der Regie von Inhaber *Karsten Badura* ist seit Jahren in gleicher Stammbesetzung freundlich, motiviert und schnell. Großen Wert legt Karsten auf persönliche Begrüßung, sind doch die meisten Gäste Stammkunden.

Das Eckhaus bietet bei schönem Wetter Plätze im Garten, mit Blick auf die *Theresienwiese*.

Pettenkoferstraße 48　　speiselokal-lenz.de
089 552 397 71　　　　@speiselokal.lenz

30 **HERZBLUT**

Die Sandwichmacherei

Zwischen Kebabbuden, Gemüsehändlern und orientalischen Restaurants hat auch die kleine *Sandwichmacherei* ihren Platz. Hier gibt es, na klar, Sandwiches, etwa mit Hähnchen, Roastbeef, gebratenem Gemüse und vielem mehr. Dazu frische Salate, ein warmes Mittagsgericht wie Thaigulasch vom Königsdorfer Weiderind oder eine der besten Leberkässemmel der Stadt. Alles wird frisch zubereitet und schmeckt köstlich. Vor allem Mitarbeiter aus den umliegenden Büros pilgern hierher. Aber Achtung: Zu ist, wenn die Vorräte verkauft sind.

Goethestrasse 36　　@herzblut.sandwichmacherei
089 536 468

Bar Gabányi

ADRESSE Beethovenplatz 2 — **T** 089 517 018 05
IG @bargabanyi — **WEB** bar-gabanyi.de

Bar-Legende und Autor des Whisk(e)y-Lexikons *Stefan Gabányi* ist ein freundlicher und ruhiger Typ. Kein Wunder also, dass seine Bar auch etwas abseits der ausgetretenen Pfade am *Beethovenplatz* im Keller zu verorten ist. Wie zu erwarten, wird im Gabányi Trink-Kultur und insbesondere die Whisky-Kultur groß geschrieben und auf höchsten Niveau serviert. Doch auch mit Kultur-Events, wie die „süffige Oper" in Kooperation mit der Bayerischen Staatsoper und deren Nachwuchsförderung, macht die Kellerbar auf sich aufmerksam. Im Juli 2020 fand hier bereits zum achten Mal eine Radioaufzeichnung für den Bayerischen Rundfunks des viel gerühmten Monaco Swing Ensembles statt. Solange Kulturschaffende in der Pandemie nur sehr limitiert auftreten können, fließen Spenden (Info dazu auf der eigenen Facebook Seite) zu 100 Prozent an die Künstler.

Die gemütliche, etwas schummerige Kellerbar bietet neben exzellentem Barkeeper Handwerk auch eine kleine, aber außergewöhnlich feine Speisekarte. Für uns das absolute Highlight: Gulasch mit Kartoffelpüree –unbedingt mit Spiegelei bestellen!

Emilo Kaffee

ADRESSE Gollierstraße 14 / Buttermelcher Str. 5 / Odeonsplatz 14
T 089 515 767 350 — **IG** @emilocoffee — **WEB** emilo.com

Spätestens seit dem sonntäglichen Kaffee-klatsch bei Oma wissen wir, dass Kaffee und Kuchen eine ganz wunderbare Symbiose eingehen. *emilo Kaffee* scheint genau dem in ihren beiden Läden Rechnung zu tragen. Im *Glockenbach* widmet sich die Spezialitätenrösterei feinstem Kaffeegenuss. Durch schonende, traditionelle Trommelröstung ihrer hochwertigen Rohware und die jahrelange Erfahrung erhalten die Kaffees ein unverwechselbares herrliches Aroma – vom klassischen Filterkaffee über kräftigen Espresso bis hin zum innovativen DRIP COFFEE BAG.

In der *emilo* Backstube im *Westend* dürfen hingegen vor allem die Kuchenherzen höher schlagen. Neben frisch gebrühtem Kaffee aus der eigenen Rösterei können Kunden*innen sich hier den süßen Leckereien hingeben. Aushängeschild sind der emilo Marmor Guglhupf und die Nussecken, wobei man in der Vitrine auch weiteren Kuchenversuchungen erliegen kann. Kaffee und Kuchen gibt es selbstverständlich zum Mitnehmen – und zwar in beiden Locations. Wer *emilo* auch zu Hause genießen möchte, kann ihn direkt im Shop erstehen.

36 SEHRWOHL

Der Name ist Programm

Kaffee, selbstgemachte Kuchen, Schorlen, Wein und Drinks. An Wochenenden mit Frühstücks-broten und Mittwochabend mit Apéro. *Sehr wohl* – sehr gut. Die dunkelgrüne Bar, eine wunderbare Sommerterrasse und feine kleine Speisen tun ein Übriges, damit sich Besucher*innen hier sofort sehr wohl fühlen.

Hinter der Hausnummer verbirgt sich außer-dem noch ein kleines Schmankerl. Der Raum 66 hat Platz für Ausstellungen, Lesungen, Pop Up Stores und Feierlichkeiten. Die Betreiberin Xenya heißt Euch jederzeit herzlich willkommen!

Westendstraße 66   sehrwohl.com
089 548 057 29   @sehrwohl_cafe_und_bar

34 SAM – SUSHI AND MEAT

Ramenbauer

Eine japanische Fusion aus Tapas, Ramen, Super-food Rice, Salat, Bowls, Rolls und Sushi. Dazu Wein, Bier, japanischen Sake und Whiskys. *Sushi und Meat* sind nicht umsonst die Namensgeber der Fusion-Küche auf der *Ligsalzstraße*. An langen Tischen sitzt man im mit japanischen Zeitungen tapezierten Lokal, stellt seine Ramen selbst zusammen und freut sich auf Summer oder Fusion Rolls. Falls es mal keinen Platz gibt: Die große Schwester „*Madame Hu*" kocht knapp 100 Meter weiter in der *Golierstraße*.

Ligsalzstraße 30   sushiandmeat.de/westend
089 452 025 46   @sam.sushi.and.meat

Das Kulinariat

ADRESSE Schwanthalerstraße 143 — **T** 0151 235 255 33
IG @daskulinariat — **WEB** daskulinariat.de

Mittags Restaurant und abends Event Location. *Das Kulinariat* im *Münchner Westend* kreiert Soulfood. Und weil die Seele gestreichelt werden möchte, wird bei *Stefanie Fritz* und *Josch Höcherl* nur das aufgetischt, was sie selbst gerne essen. No Avocadobrot etwa, ganz ohne weitgereiste Avocado. Das Grün liefert eine heimische Erbse, dazu selbstfermentierte Zitrone, Wildkräuter und Brot – alles von lokalen Erzeugern. Die Speisen sind größtenteils vegan, als Begleitung dazu hat man aber immer die Wahl. Heimischer Fisch oder doch ein Stück Fleisch?

Dafür sorgt dann die Metzgerei Tagwerk. Bio, nachhaltig und transparent Weil's eben nicht wurscht ist, sondern um Tiere geht. Und die haben nicht nur eine artgerechte Haltung, sondern einen tiefen Respekt bis zum letzten Schritt verdient. Im Restaurant wird selbst eingelegt, fermentiert und natürlich gekocht. Davon kann man sich jederzeit mit einem Blick in die offene Küche überzeugen. Nebenbei sorgt *das Kulinariat* auch für Gaumenfreuden auf Events, Firmenfeiern oder Familienfesten. Ihr Catering ist maßgeschneidert, raffiniert und lecker.

TIPP

FLOHMARKT

Bei Produkten „von damals" ist es wahrschein-
lich, dass Handgemachtes dabei ist, darum für
Liebhaber des Stöberns und Handelns hier eine
Übersicht von permanenten und temporären
Flohmärkten (Öffnungszeiten, Termine und
Hygiene-Regeln findet man auf muenchen.de)

DAGLFING
permanent, beheizt und auf dem Gelände
Trabrennbahn München-Daglfing, Rennbahnstraße 35,
flohmarkt-daglfing.de

ANTIKMARKT KEFERLOH
permanent, auch mit Bus zu erreichen
In Keferloh 2, Grasbrunn
antikmarkt-keferloh.com

FLOHMARKT AUF DER THERESIENWIESE
Der größte Jedermanns-Flohmarkt, jährlich im April
Theresienwiese, Bavariaring, Mitte
muenchen.de/veranstaltungen

NACHTFLOHMARKT IN DER TONHALLE
Tonhalle München, Grafinger Str. 6, Osten
nachtkonsum.com/muenchen

Diverse Hinterhof- und Stadtteil-Flohmärkte:
Termine auf muenchen.de

35 **JOLANDAS VINOTHEK**

Der Weinheilige

Ausgefallene Jahrgangsweine, ehrliche Musik und
eine unverkrampfte Atmosphäre - Willkommen in
Jolandas Vinothek, wo *Thomas Hertlein* sein Credo
lebt: „Es muss einfach gut schmecken".

Das gilt selbstredend auch für die Küche, die
sich täglich von marktfrischen Produkten leiten
lässt. Was gibt es auch Schöneres, als abends mit
Freunden zusammen zu sitzen, einen guten Wein zu
trinken und über Gott, die Welt, das Leben und der-
lei mehr dazwischen zu fabulieren? Eben. Nichts.

Kazmairstraße 28   jolandas.de
089 209 305 69   @jolandasvinothekmuenchen

INDEX

MAKER

INDEX

HÄNDLER

I
N
D
E
X

GASTGEBER

INDEX

IMPRESSUM

MAKERS BIBLE PUBLISHERS

Dieses Buch wurde erstellt, gestaltet und herausgegeben von
Melville Brand Design GmbH
Goethestr. 20
80336 München
melvillebranddesign.com

EDITORIAL

Projektleitung *Sebastian Berg*
Redaktionelle Leitung *Sebastian Berg,*
Andreas Dauerer (Textchef), Michael Schmidt
Creative Director *Lars Harmsen*
Design / Layout
Florian Brugger, Johannes König,
Hannah Pohlmann, Cihan Tamti

DRUCK

Druckerei Vogl GmbH & Co KG
Georg-Wimmer-Ring 9,
85604 Zorneding
druckerei-vogl.de

MATERIAL

IGEPA Salzer touch 100 & 120

LEKTORAT

Anja Grothe
7SEAS – Experten für Adaption
und Prozessberatung
Annegret Scholz – Lektorat & Korrektur

ONLINE PLATTFORM
MAKERSBIBLE.COM

Sebastian Berg, Johannes König,
Michael Schmidt

DANK

Sabine Reister (IGEPA), *Erika Papffnger* (Salzer), *Ralf Vogl* (Druckerei Vogl).

Besonderer Dank gilt allen Kuratoren, Makern, Gastgebern und Einzelhändlern, die uns ihre Empfehlungen und Tipps ohne Berührungsängste und mit Wertschätzung preis gegeben haben.

All unseren 189 Unterstützern auf Kickstarter.

Ganz besonderen Dank dem Marken-Partner der Makers Bible: Jaguar Land Rover Deutschland GmbH

Vergelt's Gott an *Jürgen Enninger* und das Kompetenzteam Kultur- und Kreativwirtschaft der Landeshauptstadt München.

Ruth Kleine und *Simon Meier-Rahmer,* unsere Trachtenexperten.

FOTO QUELLEN

Stefan Braun
braunphotography.de @braunphotography.de
Daniel Sommer
danielsommer.eu @danielsommer.eu

KURATOREN:
Michael Schlegel / Portrait: Daniel Sommer,
Marktstände: Stefan Braun, Michael Schmidt
Klaus St. Rainer / Birkenholz, Robin Roger Peller
Karsten Schmitz / alle Empfehlungen: Stefan
Braun — *OHA, Relväokellermann* / Nico Kaiser
(Lightway), Gerhardt Kellermann (Schaudepot,
Vitsoe), Fabian Frinzel (Portrait RK), Constantin
Mirbach (Luitpoldblock), Oliver Jaist (Jgast
Showroom) — *Sonja Pham* / Portrait Sonja:
Sophie Wanninger, Farbenpracht: Miriam Klein,
Rosa Kammermeier: Seven Jürgenmeier, Steffi
Bauer: Anna Aicher, alle anderen: Sonja Pham
Christian Wander / alle: Christian Wander
Oliver Linke / Dominik Parzinger, Denise
Stock Fotografie (Petra Woehrmann), Michael
Bundscherer (tgm), Monika Schreiner (typewalk)
Moritz Fuchs / Loose Screw, Rick Parker

MAKER, HÄNDLER, GASTGEBER:
Annika Schüler: Vera Wagenpfeil - *Ballabeni:*
Studio Saint - *Bar Alpina:* Anna Duschl
Barber House: Lexip/Patrick Art - *Bea Bühler:*
Jonathan Mauloubier - *Blitz:* Jan Schünke
ClassiCon: Mark Seelen, Florian Holzherr,
Elias Hessos - *Halfs:* Robert Brembeck
Hannibal: Sigi Gruber/Heiko Dreher
Herr und Frau Rio: Sven Jürgmeister
Holzrausch: Oliver Jaist, Florian Holzherr
Ingo Maurer: Simon Koy - *Katharina Heubeck:*
Anja Prestl, Lina Skukauské - *Literatur Moths:*
Antje Hanebeck - *Luitpoldblock:* Constantin
Mirbach - *Mayer'sche Hofkunstanstalt:*
Sammy Hart - *Noh Nee:* Attila Henning
Papierwerk Glockenbach: Stef Zins
Radu Baias: Alex Brumar, Melanie Pfnür
Silberfabrik: Andrea Mühleck – *Spitzbart*
Treppen: Stephan Baumann, Daniel Sommer
Sunday in Bed: Christine Bauer - *Sven Renz:*
Sebastian Stiphout – *Vanook:* Georg Nikolaus,

Stefan Grau, Till Luz - *VOR Shoes:* Mike Krüger,
Julian Henzler – *Walter & Sohn Weinhandlung:*
Anja Prestl
Kapitelbild Norden Herr Bohn
Kapitelbild Westen Nelson Ndongala

BILDNACHWEISE

Es wurden alle Anstrengungen unternommen
um alle Urheberrechtsinhaber zu ermitteln.
Wenn nicht im Auftrag von Makers Bible, wurde
das fotografische Material von den Marken zur
Verfügung gestellt. Fehlende Bildnachweise sind
unbeabsichtigt. Urheberrechtsinhaber, die nicht
korrekt angegeben wurden, sind eingeladen, mit
uns Kontakt aufzunehmen:
info@makersbible.com

IMPRESSUM

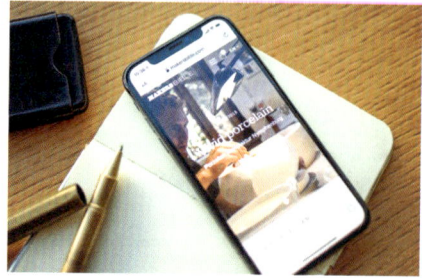

UNSERE BÜCHER

TIPP

UNSERE BÜCHER

Unsere Publikationen können auf unserer Website *makersbible.com* bestellt werden. Die Erstausgabe FIRST EDITION und die Ausgabe BEETROOT AND STEEL sind als E-Book erhältlich, da ausverkauft. THE ALPS und HUMAN SPACE können zum Zeitpunkt unseres Redaktionsschlusses noch als Buch bestellt werden.

M
A
K
E
R
S

B
I
B
L
E

THE ALPS
101 Marken aus Tälern und Bergen

HUMAN SPACE
101 Interior Design Marken

ÜBER DIE MAKERS BIBLE

Die Makers Bible ist sowohl Buchreihe als auch eine Online-Plattform. Mit unserem Manifest für Qualität, Handwerkskunst und Leidenschaft teilen wir die Passion, die Handwerker*innen für ihre Arbeit haben.

Wir wertschätzen die Erzeugnisse von ‚Makern & Craftern', traditionellen Manufakturen und Unternehmen mit nachhaltigem Ansatz, die Rohstoffe aus ihrer Umgebung beziehen, deren Produkte besonders haltbar sind und sich bei Bedarf reparieren oder recyceln lassen. Das Ergebnis soll sich gut anfühlen und einen Nutzen bieten. Handgemachtes, das durch Gebrauchsspuren nicht nur an Schönheit gewinnt, sondern durch die Patina für seine Benutzer zu einem wunderbaren Unikat wird.

Das Team der Makers Bible ist sich der Bedürfnisse kleinerer und mittlerer Unternehmen sehr wohl bewusst. Wir beraten sie strategisch, sorgen für den richtigen Fokus ihrer Kommunikation und schaffen authentische Bilder und punktgenaue Texte, die unseren Makern eine unverwechselbare Identität verleihen.

makersbible.com — @makersbible

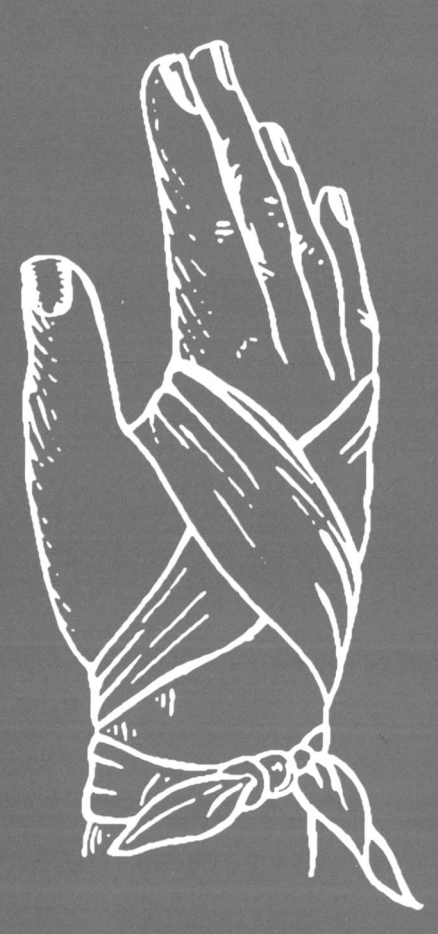